DIESES BUCH GEHÖRT

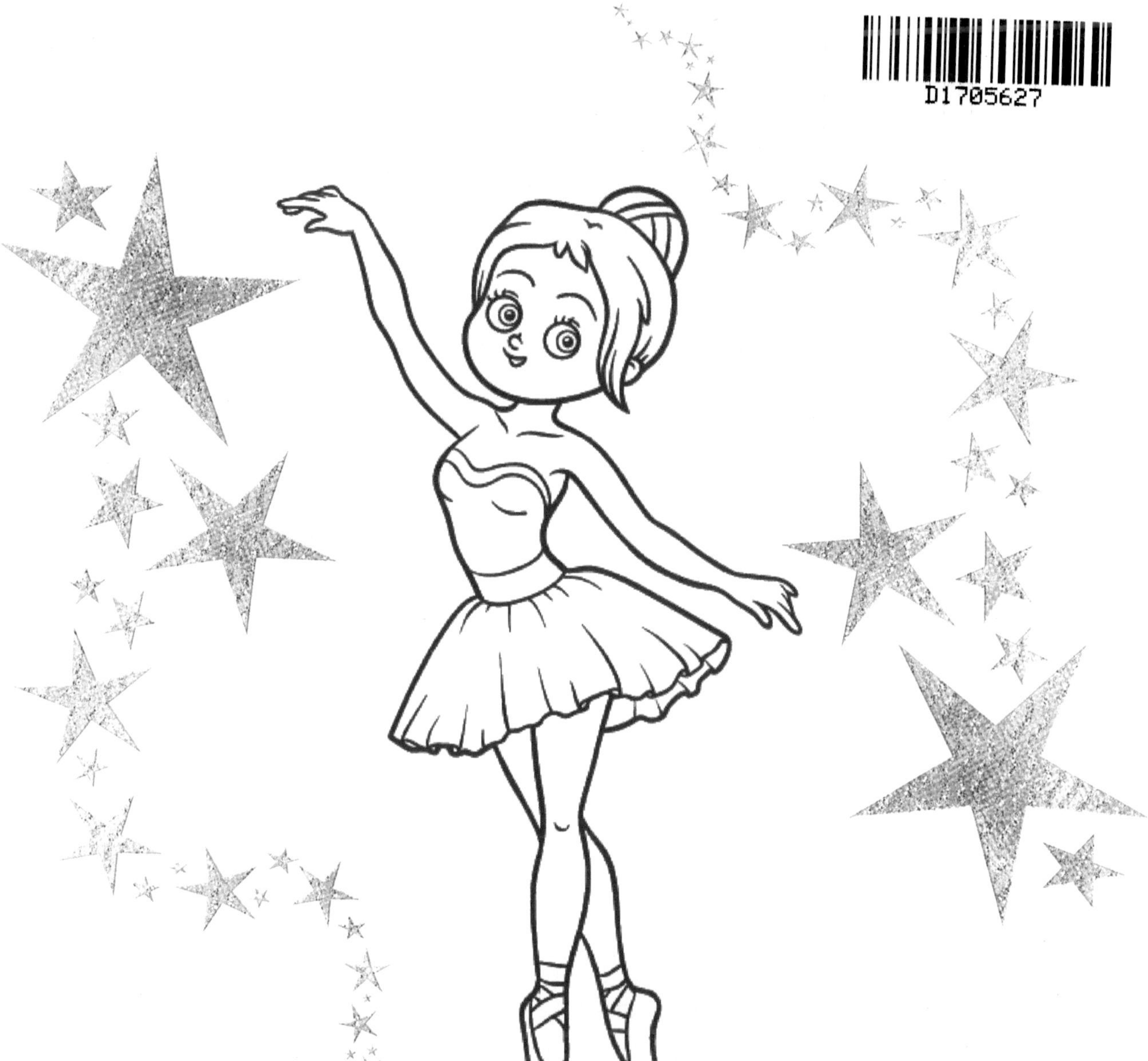

Malbuch
BALLERINA

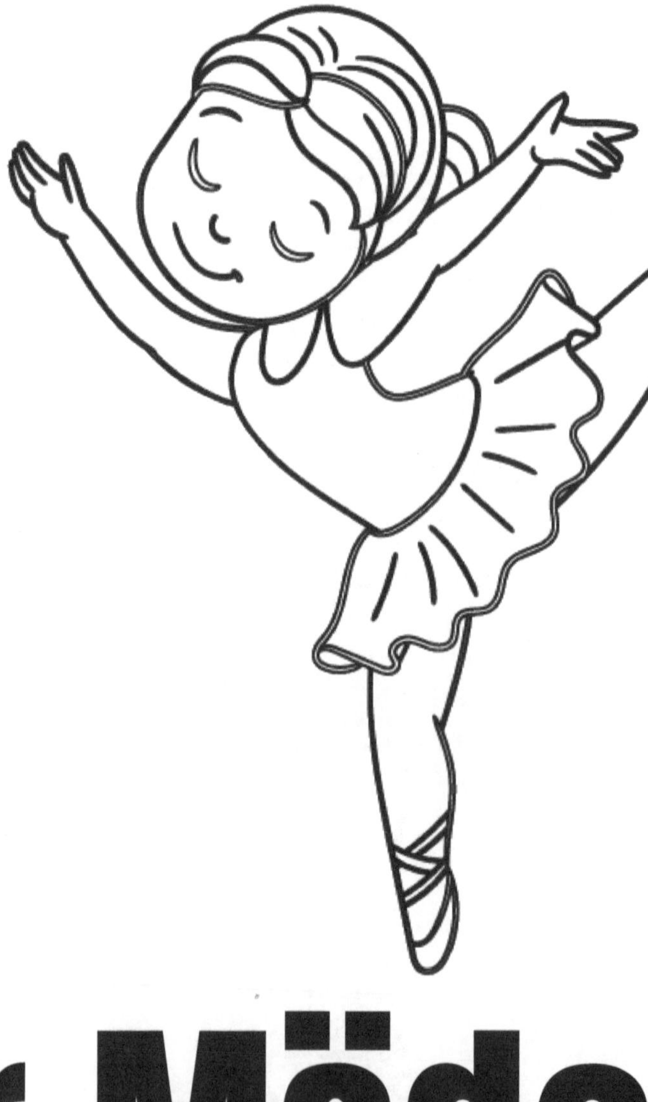

Für Mädchen

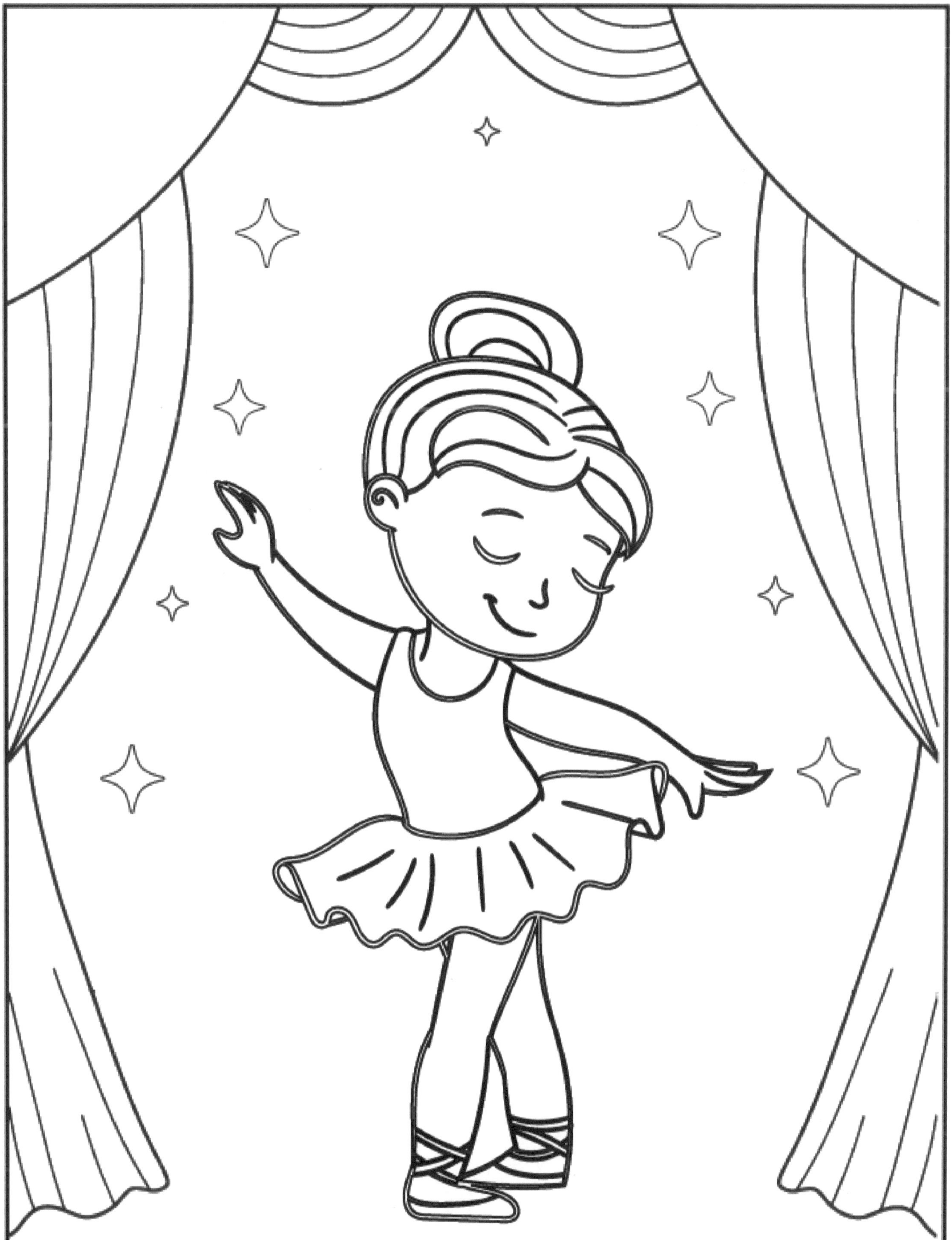

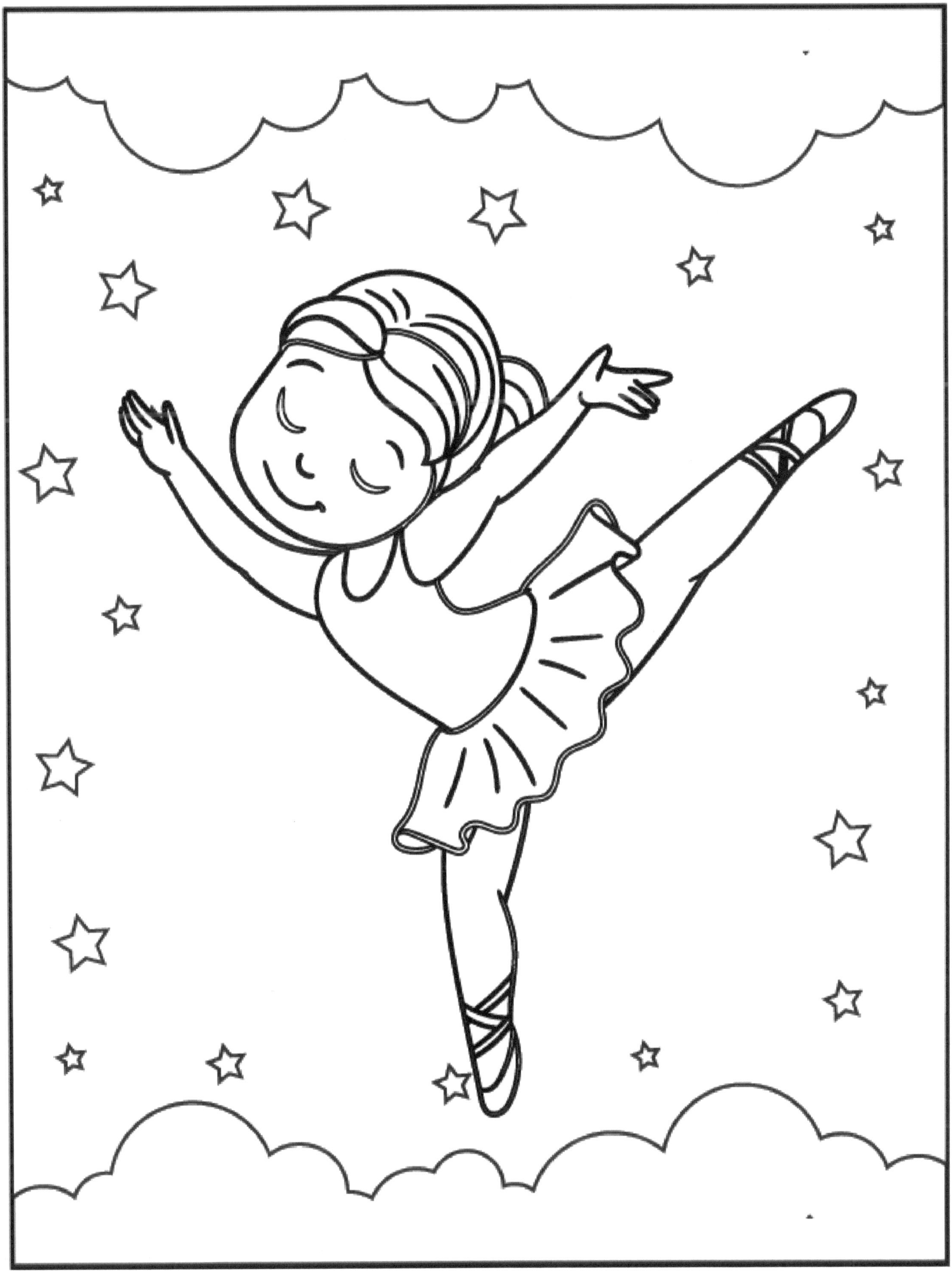

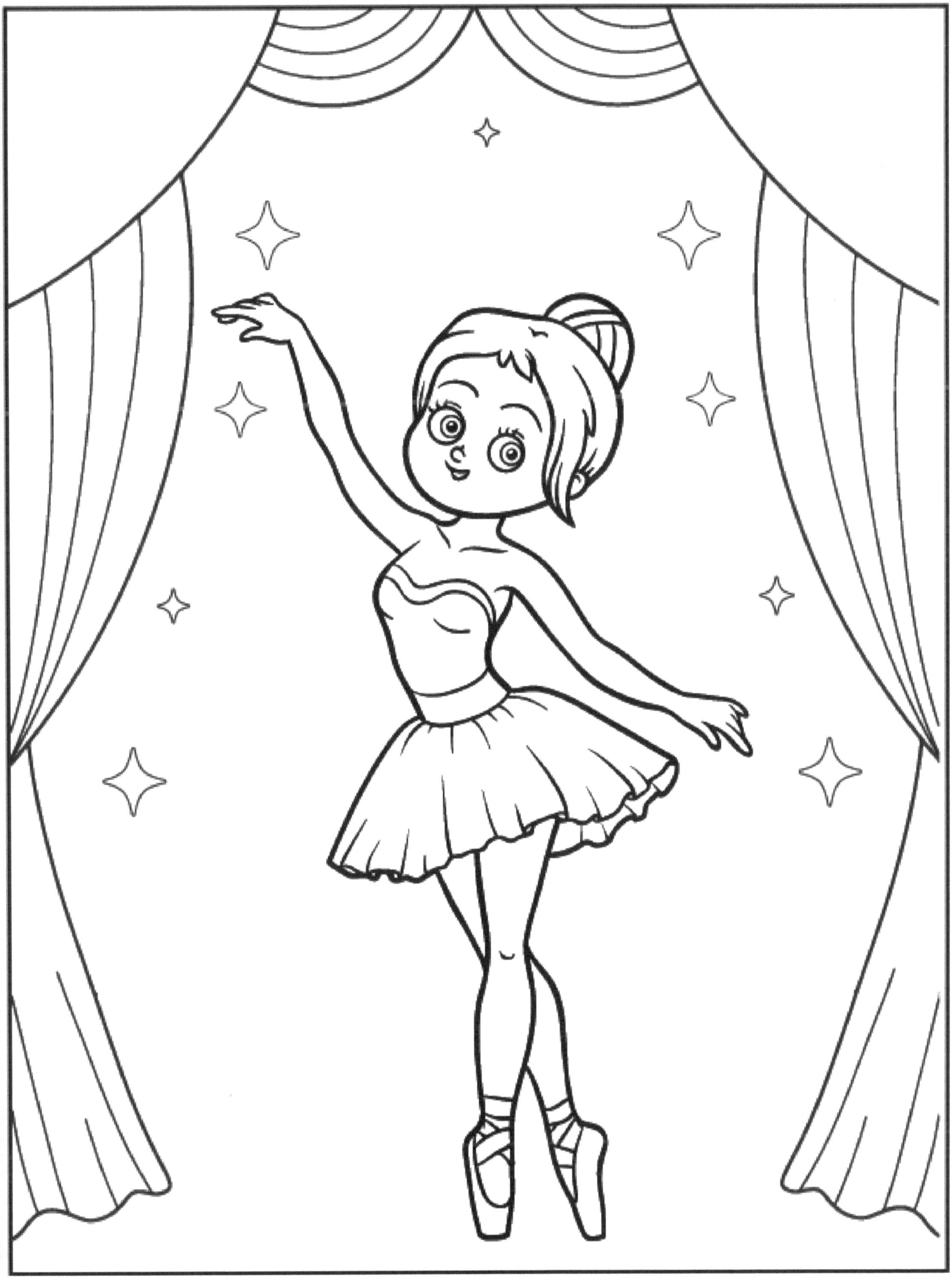

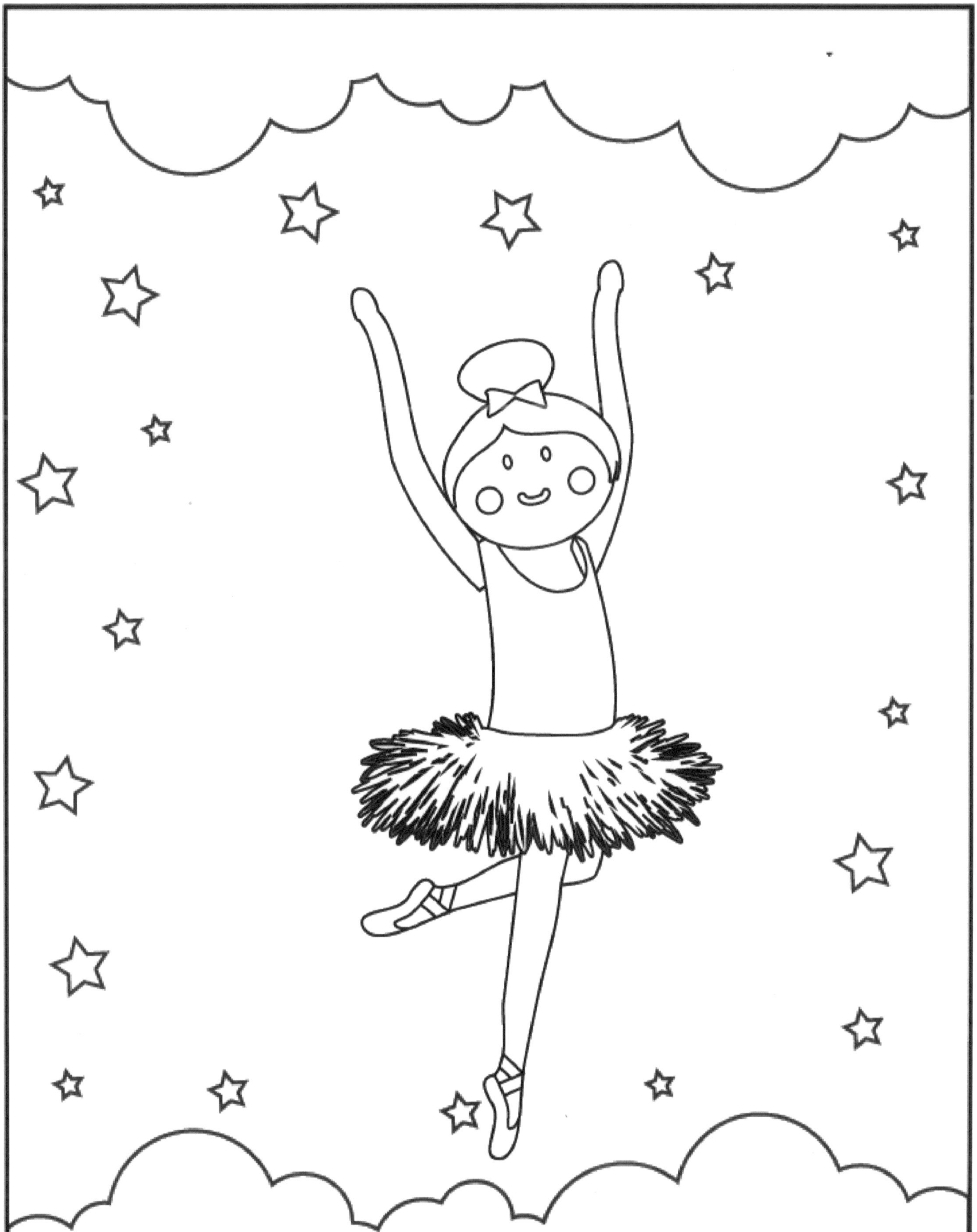

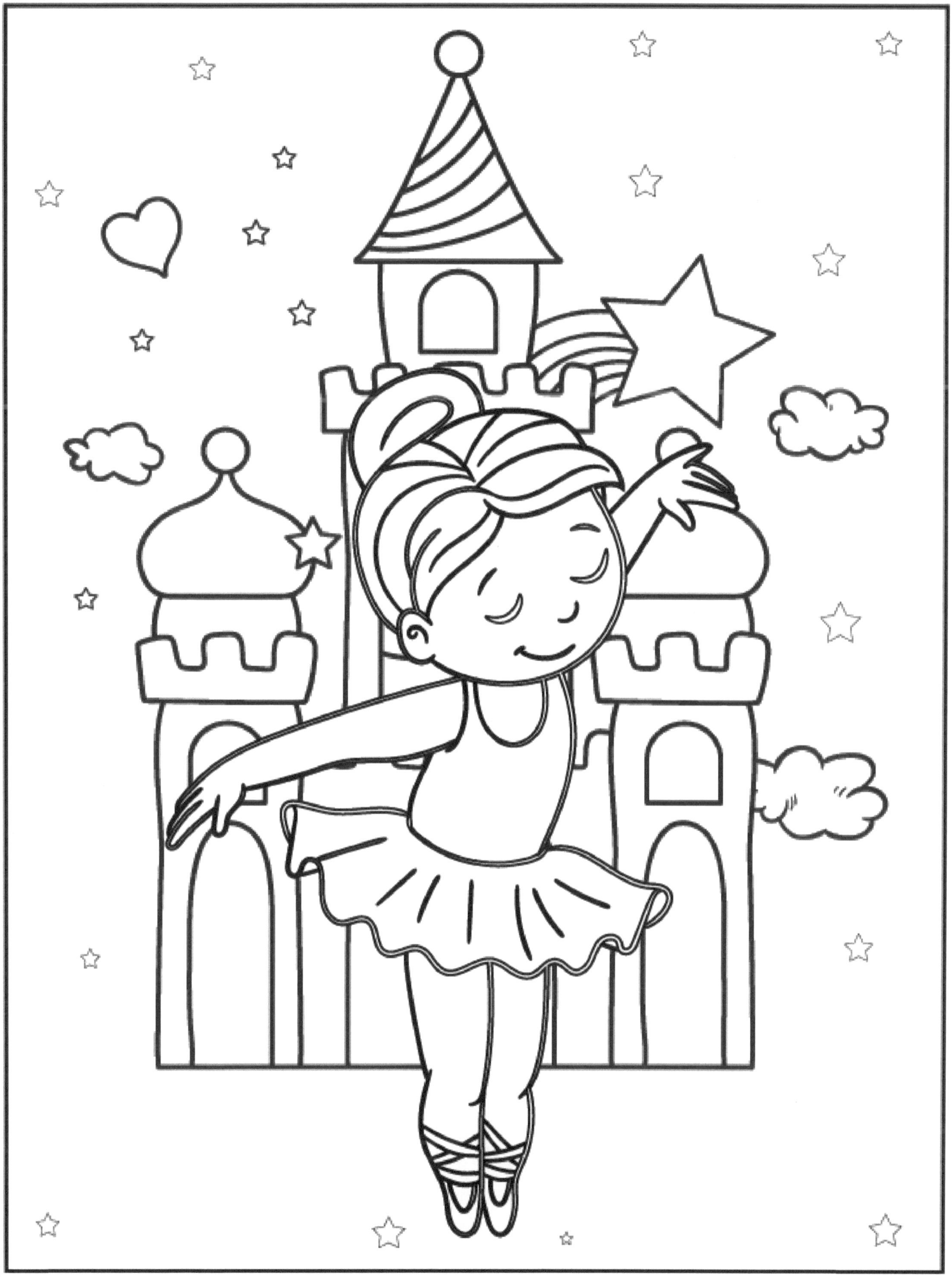

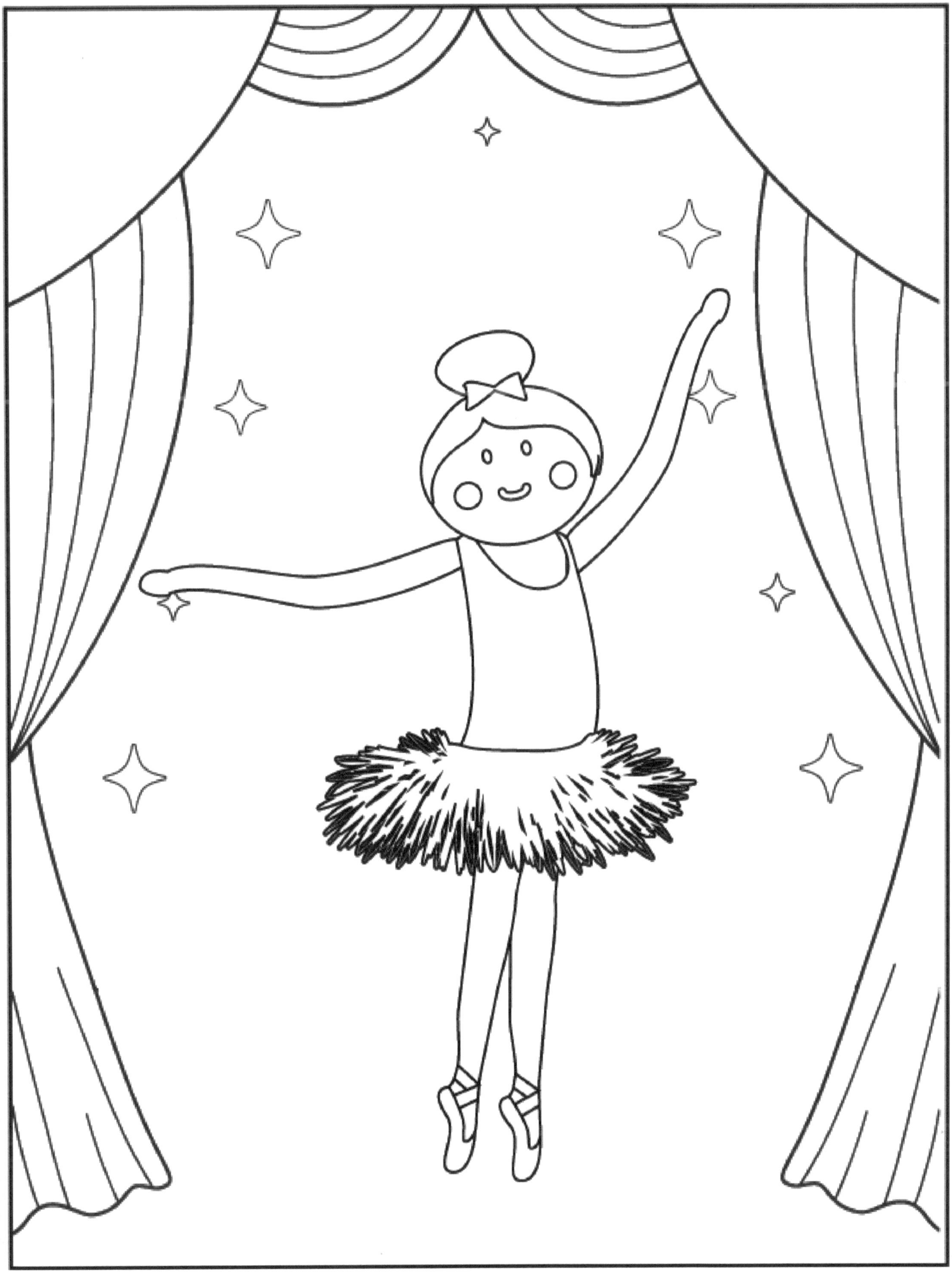

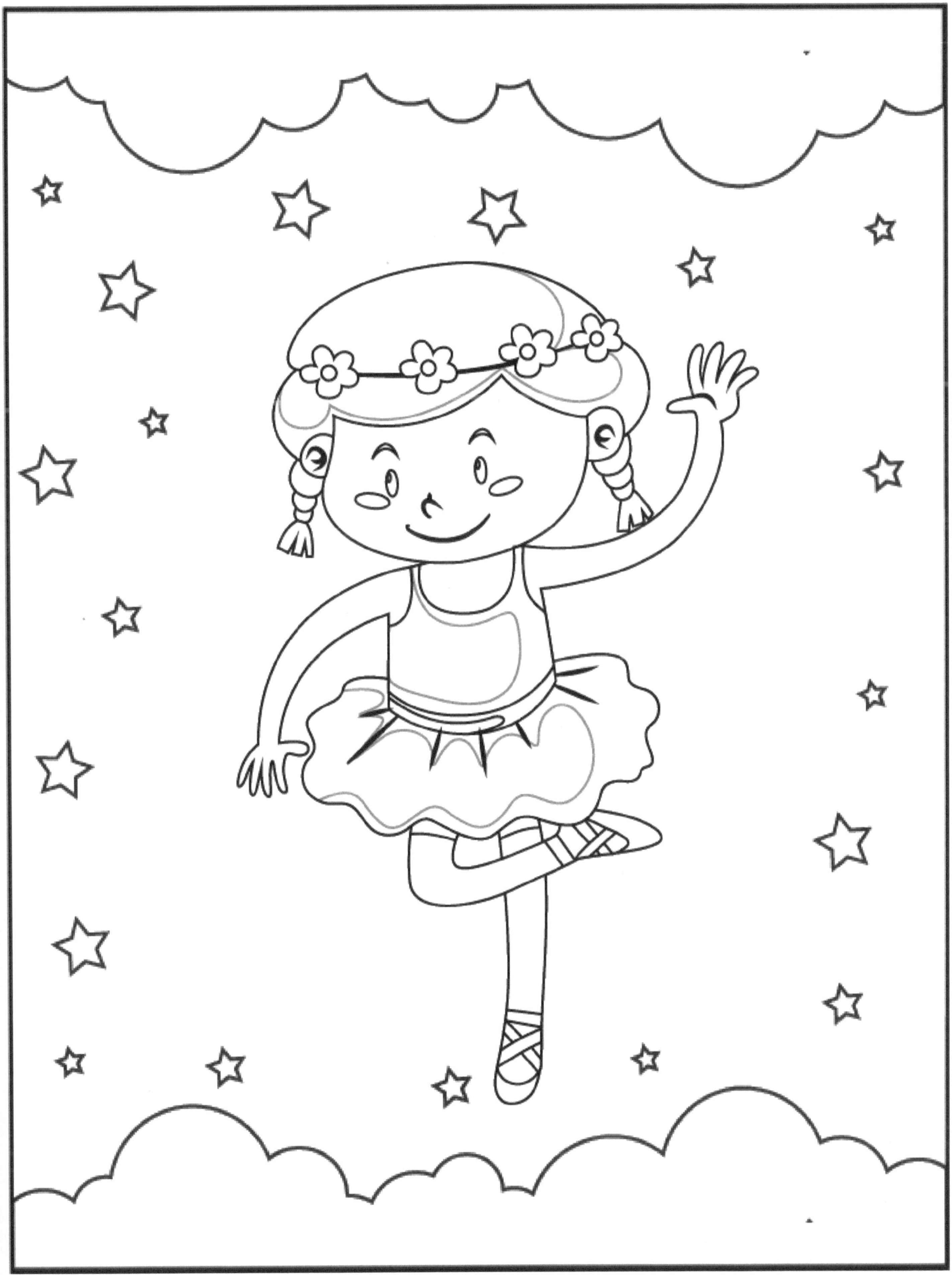

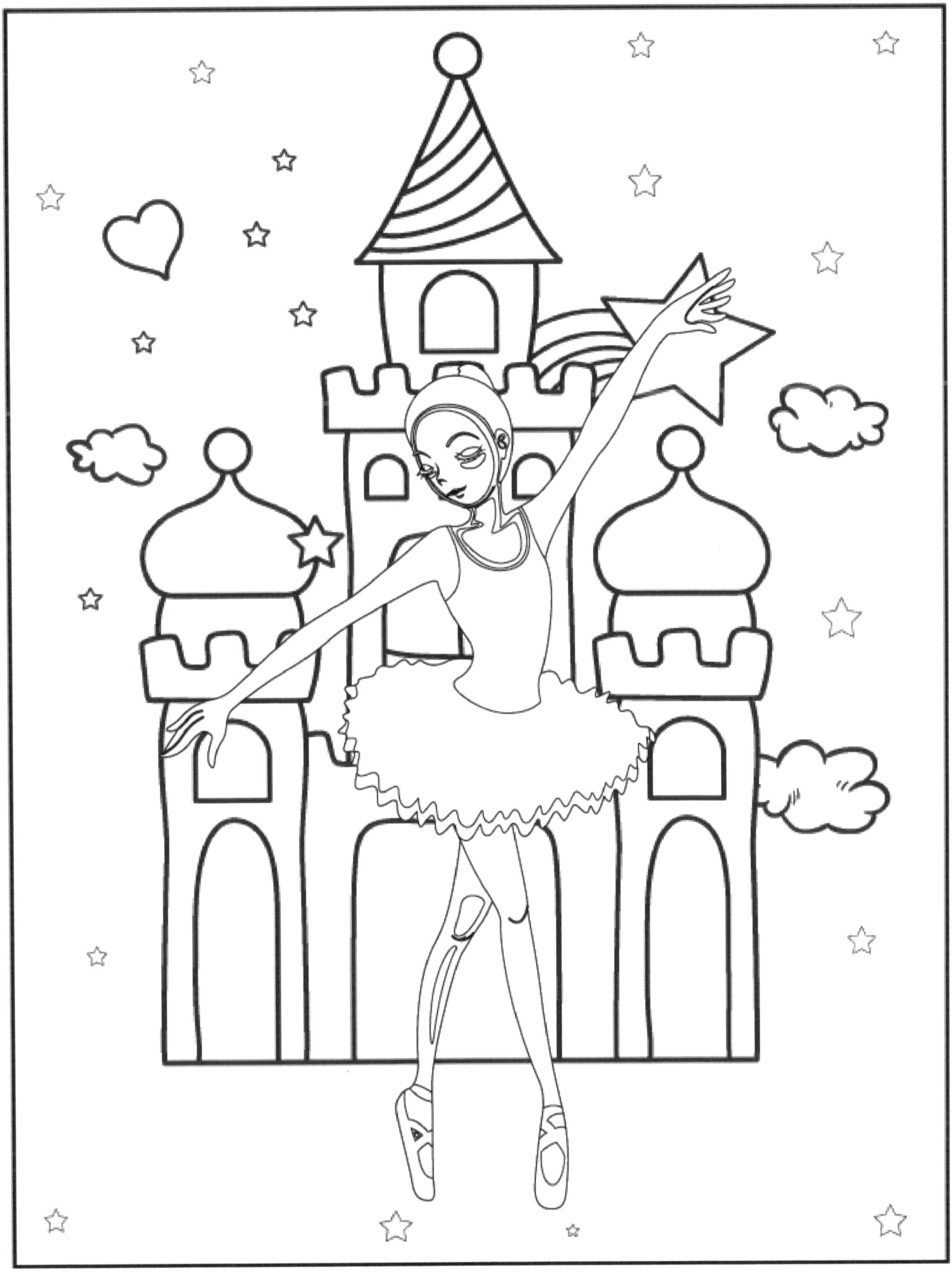

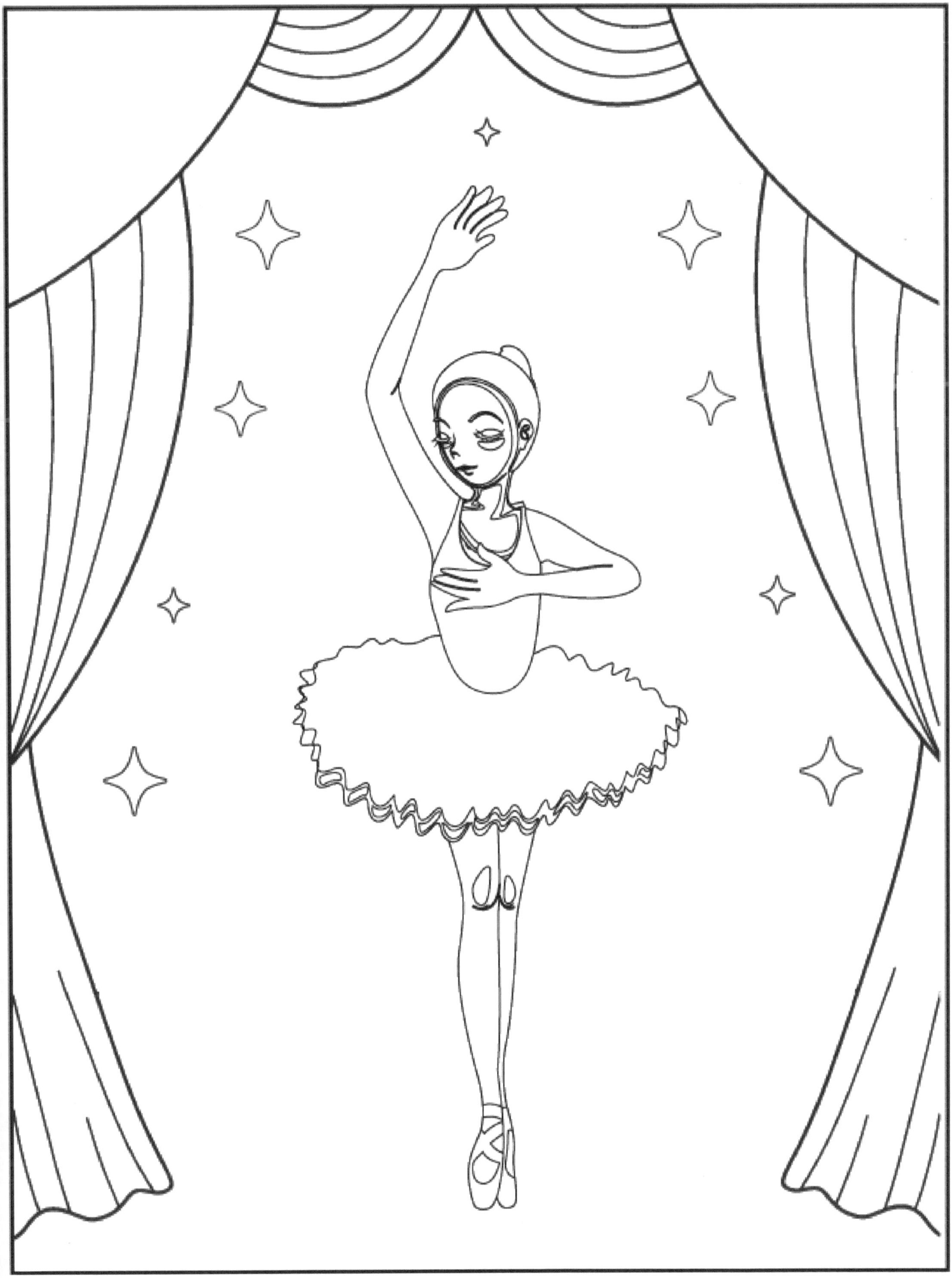

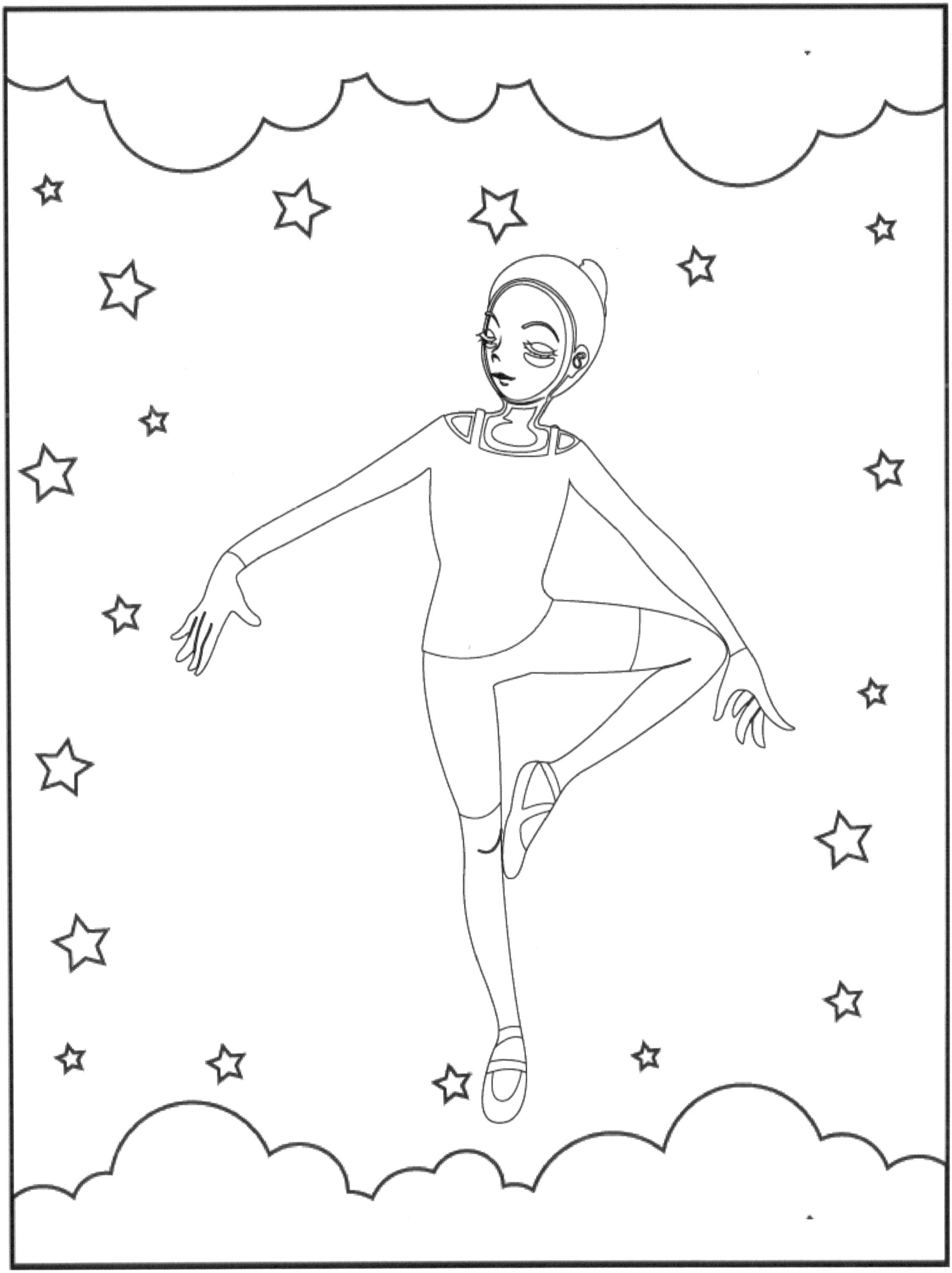

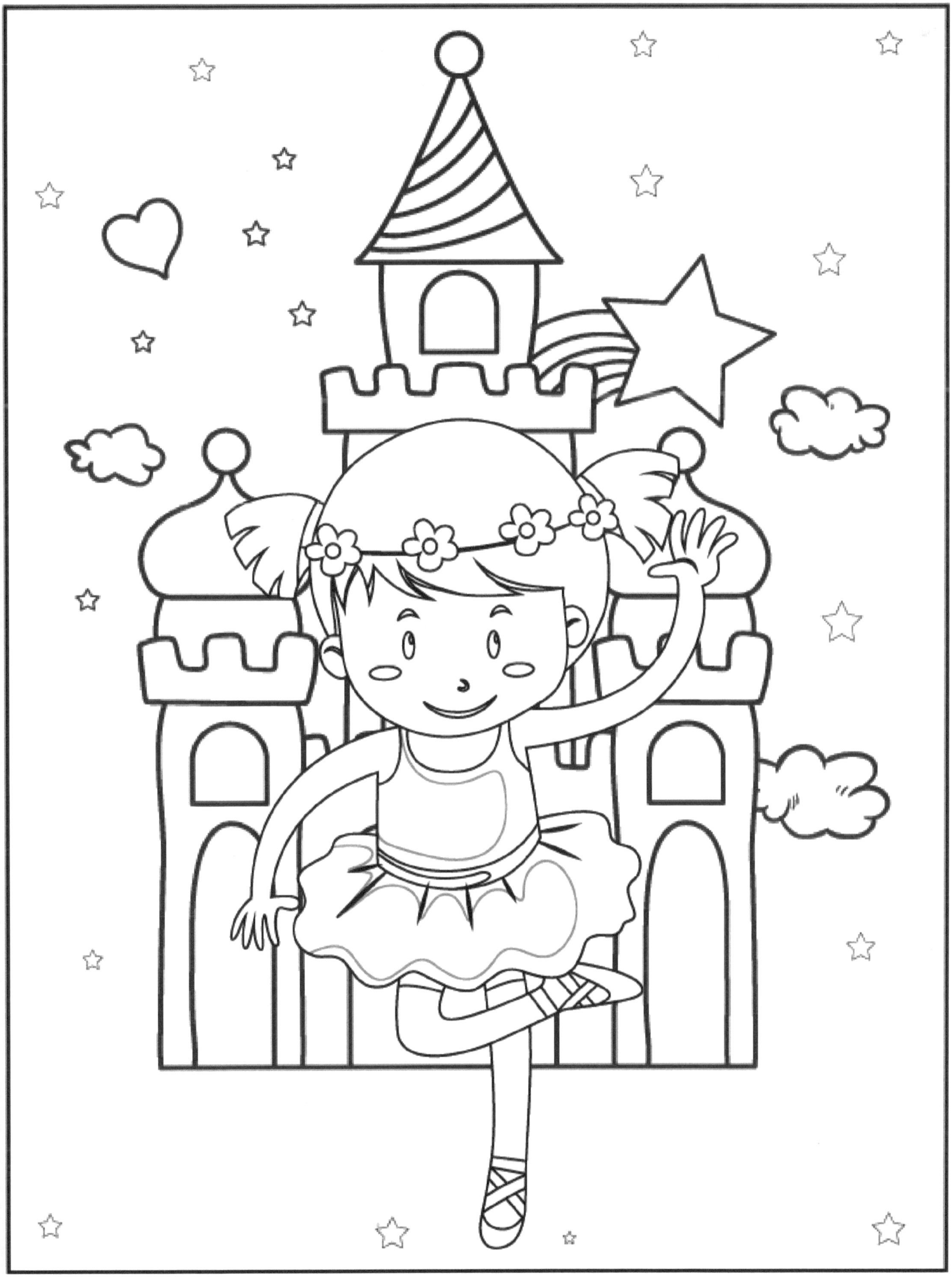

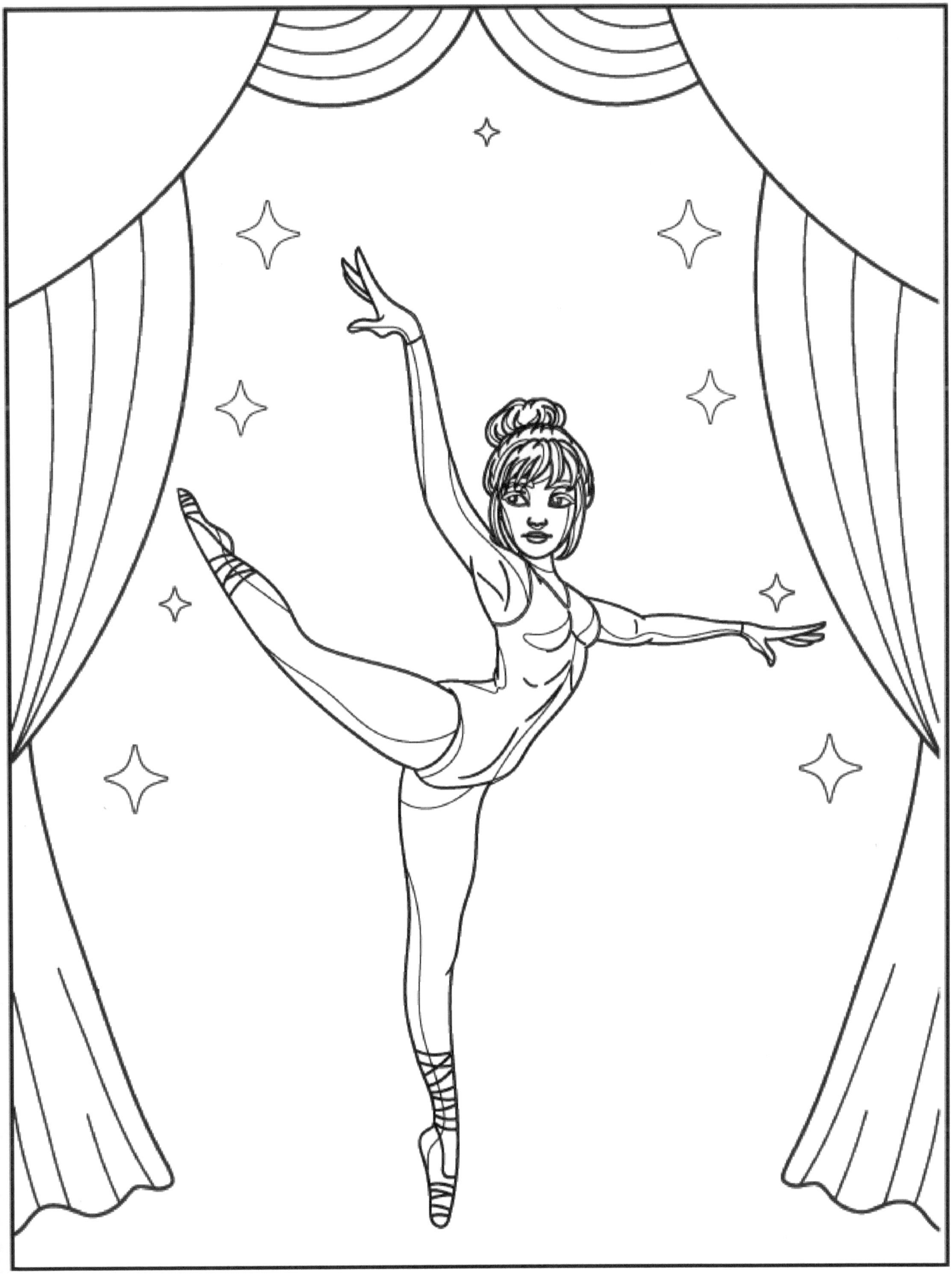

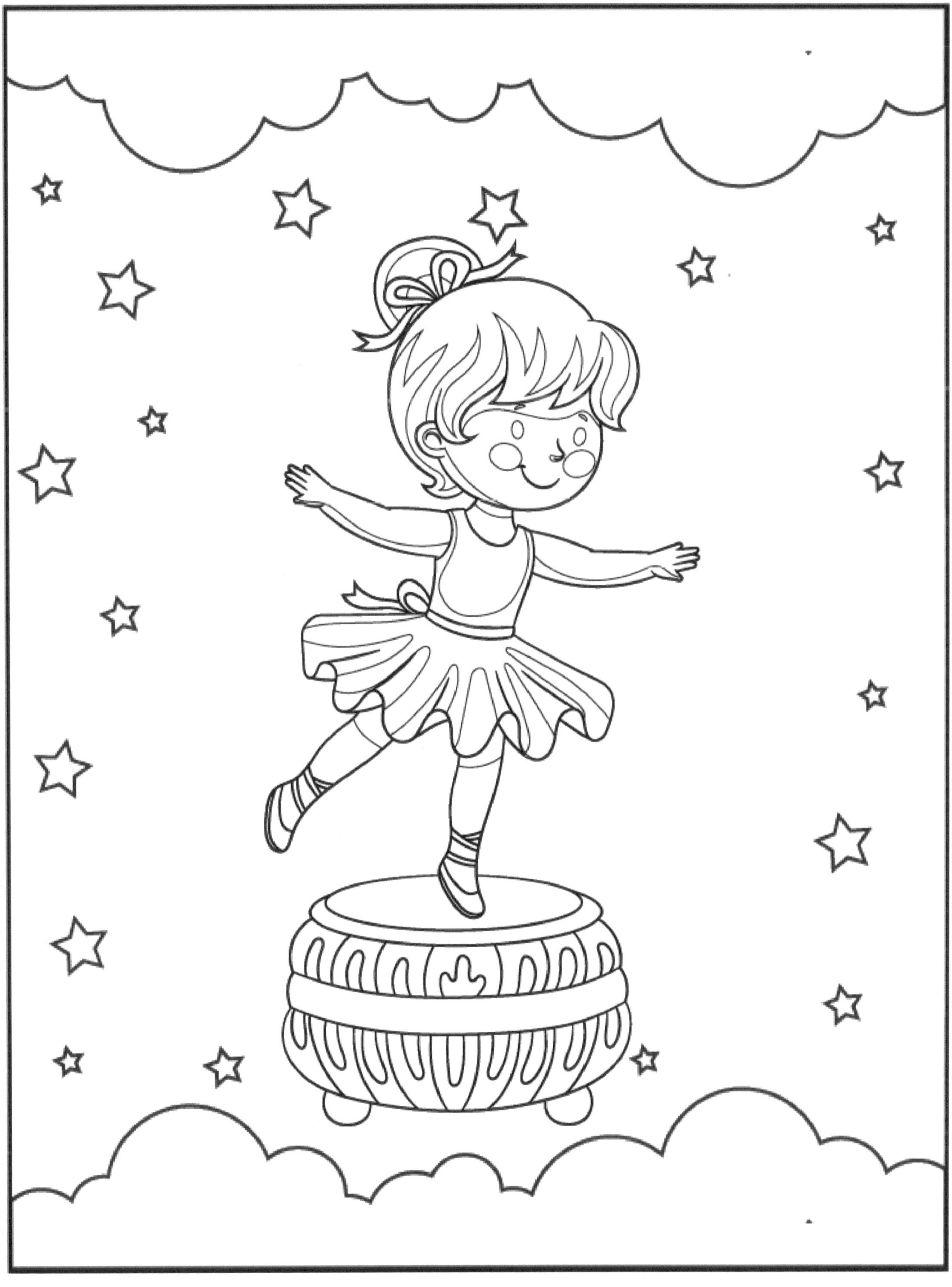

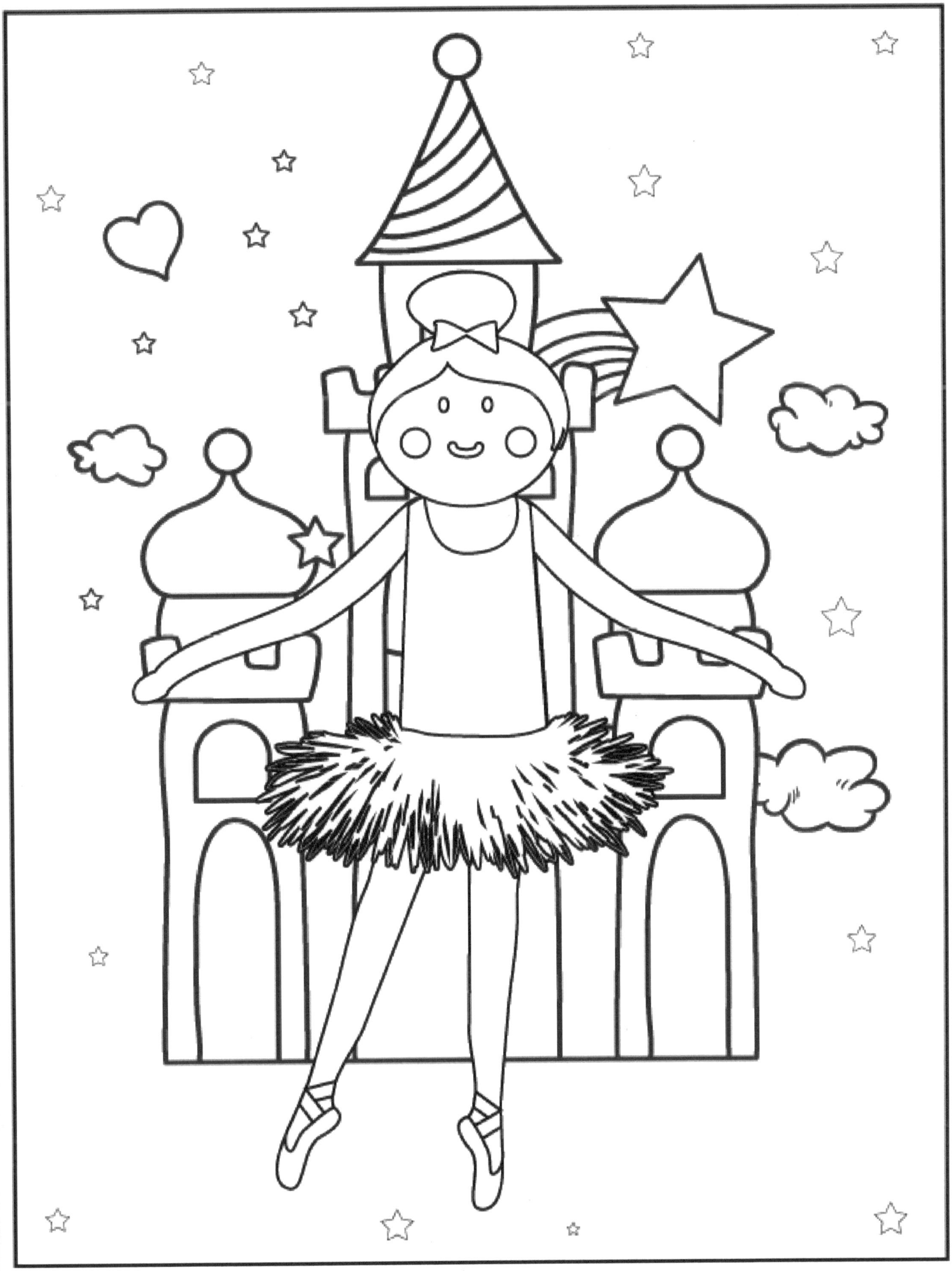

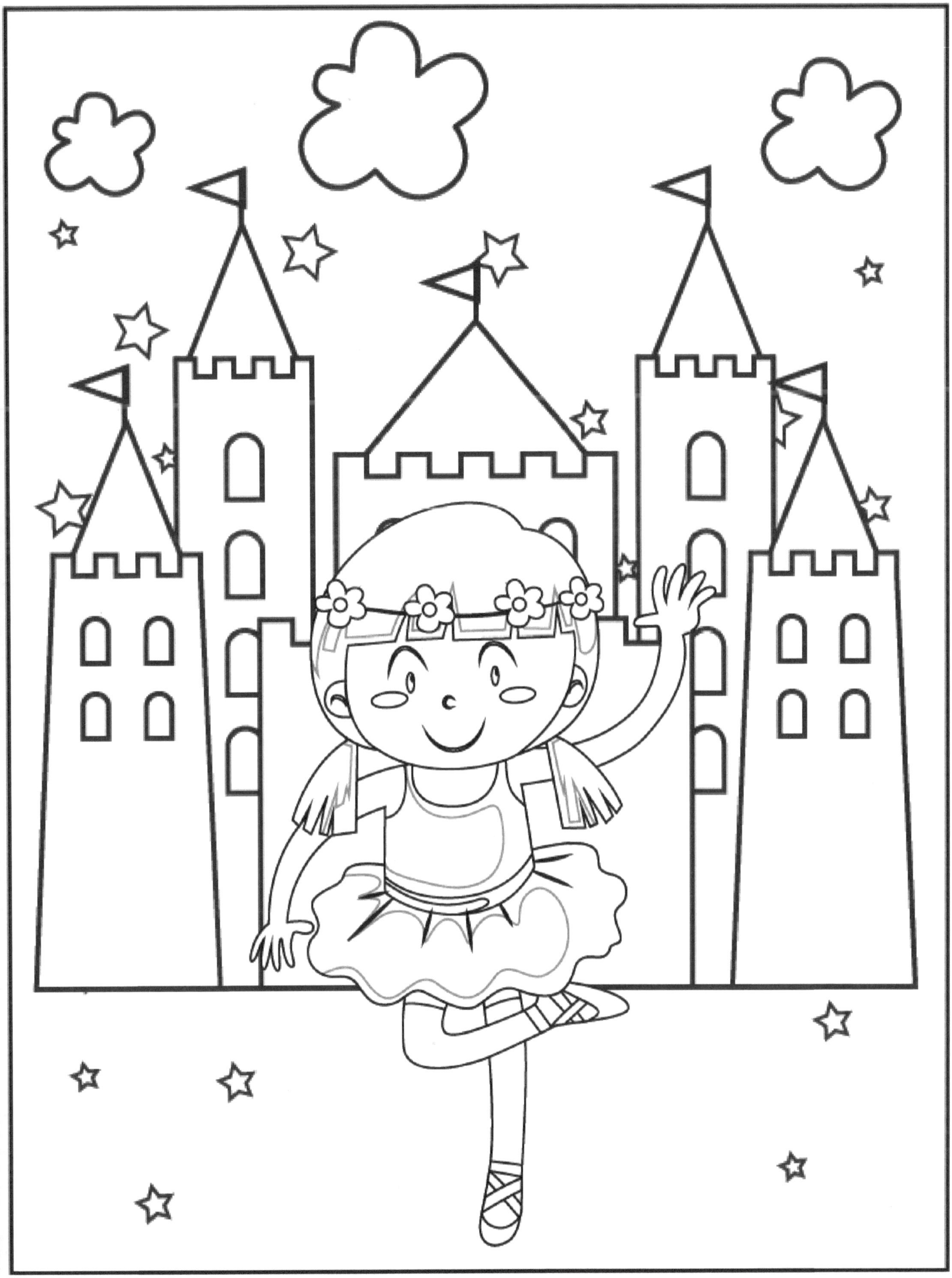

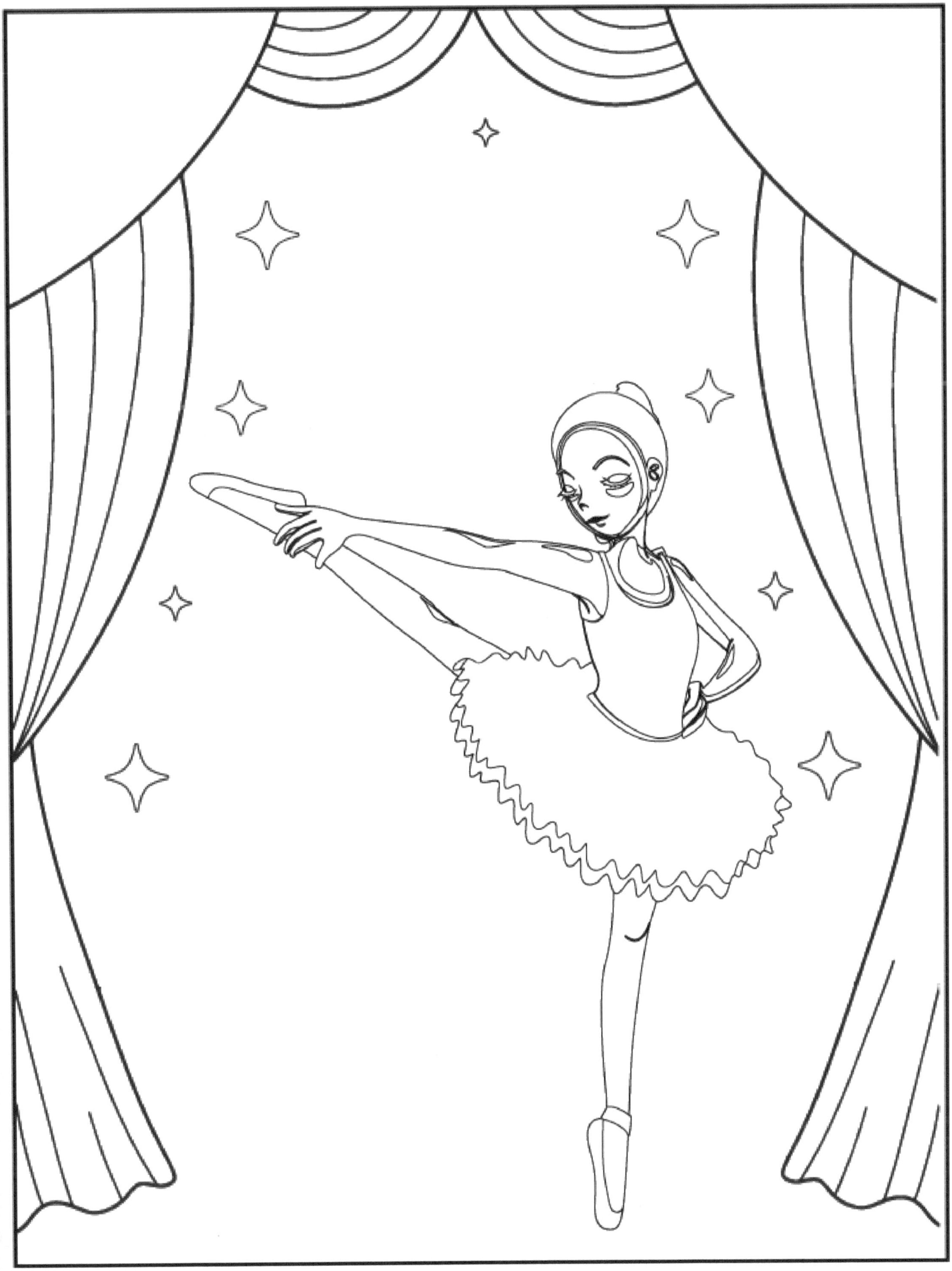

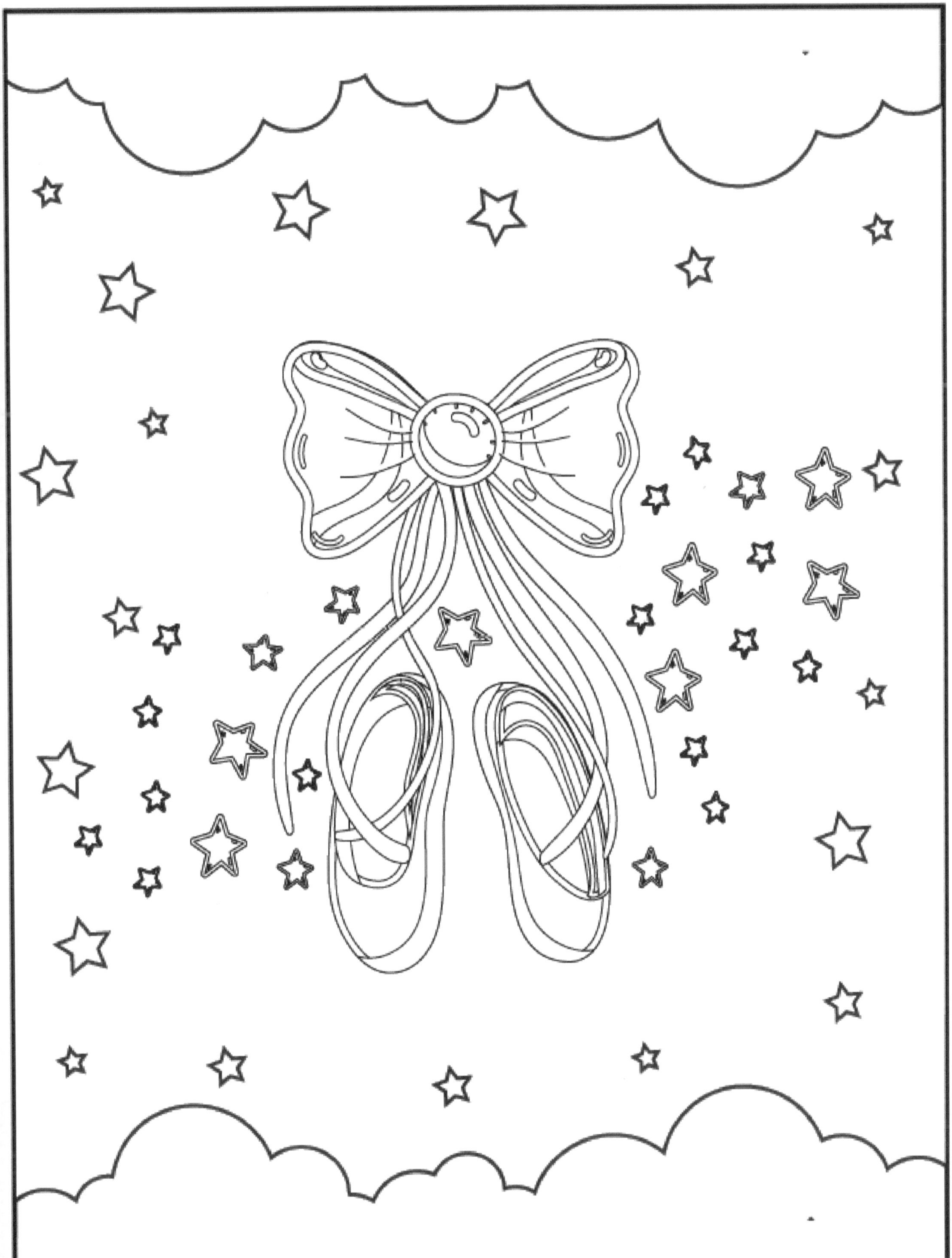

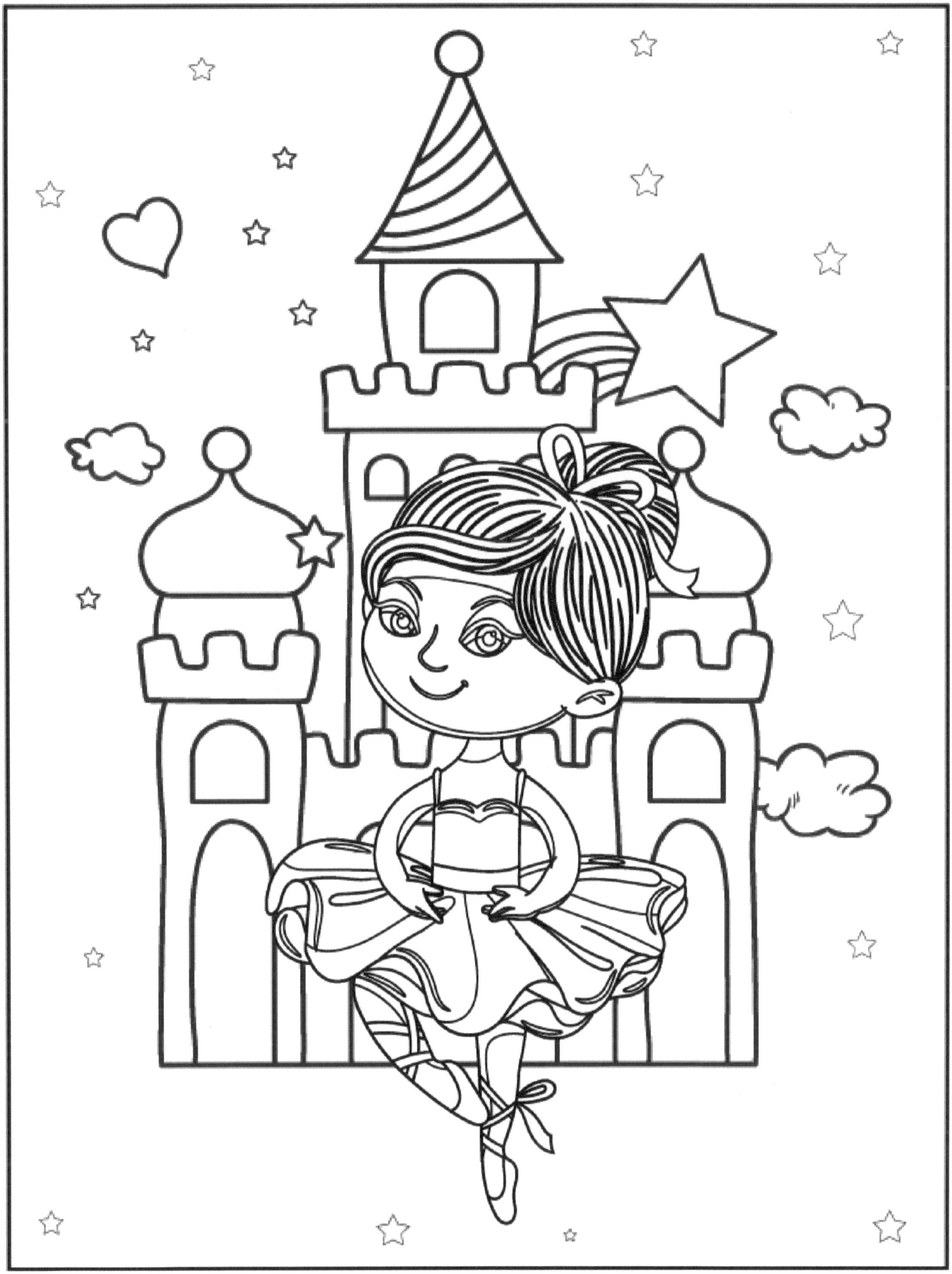

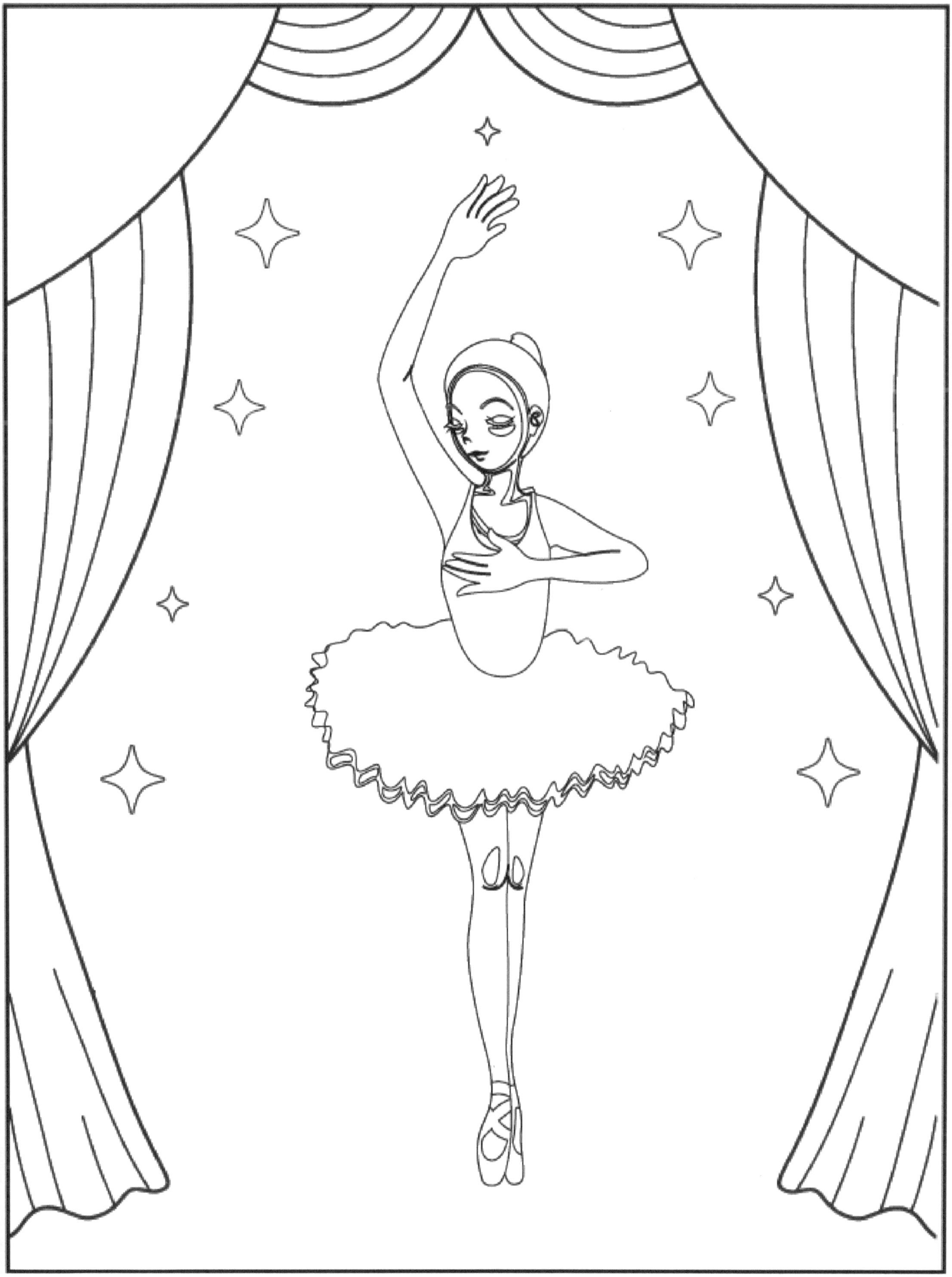

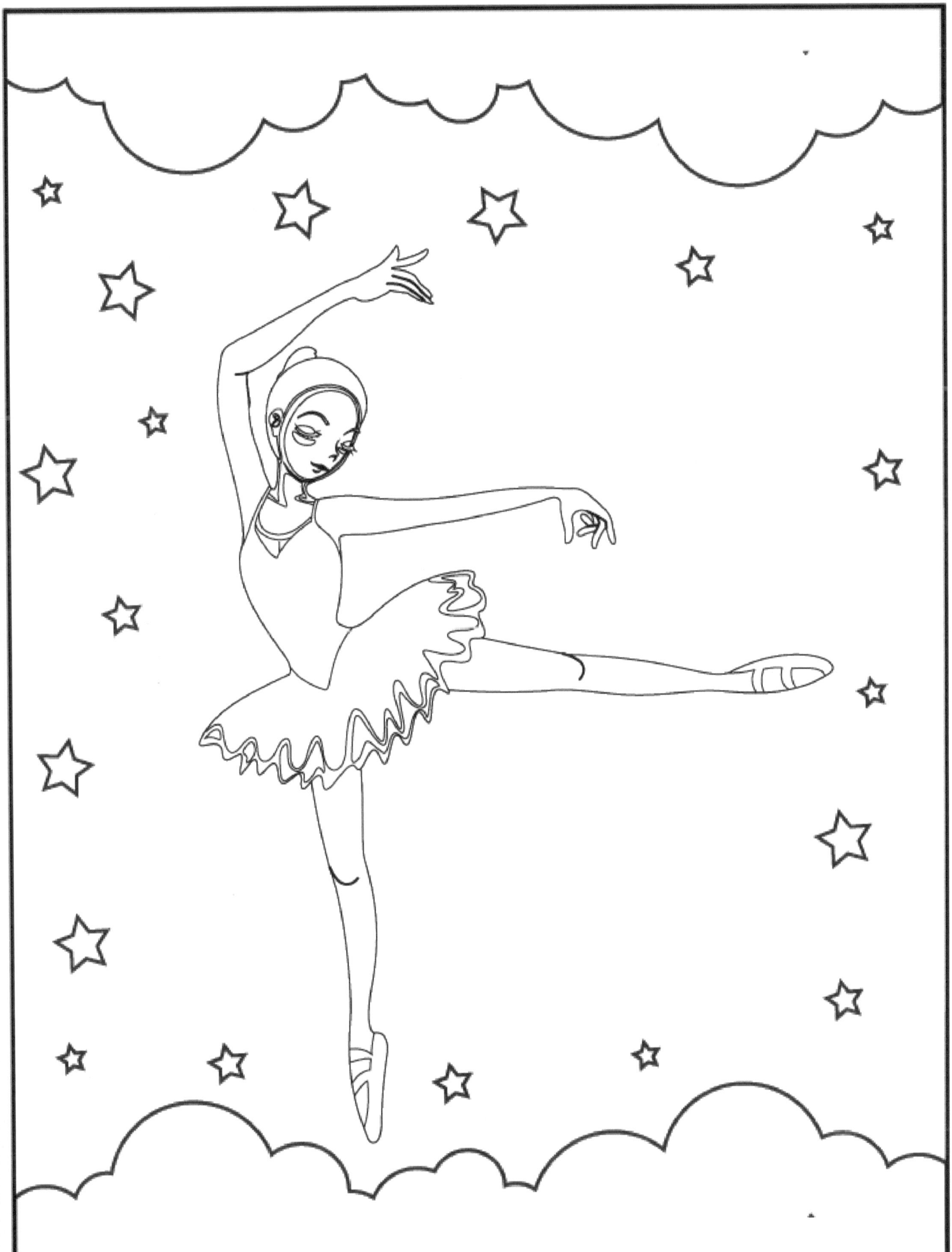

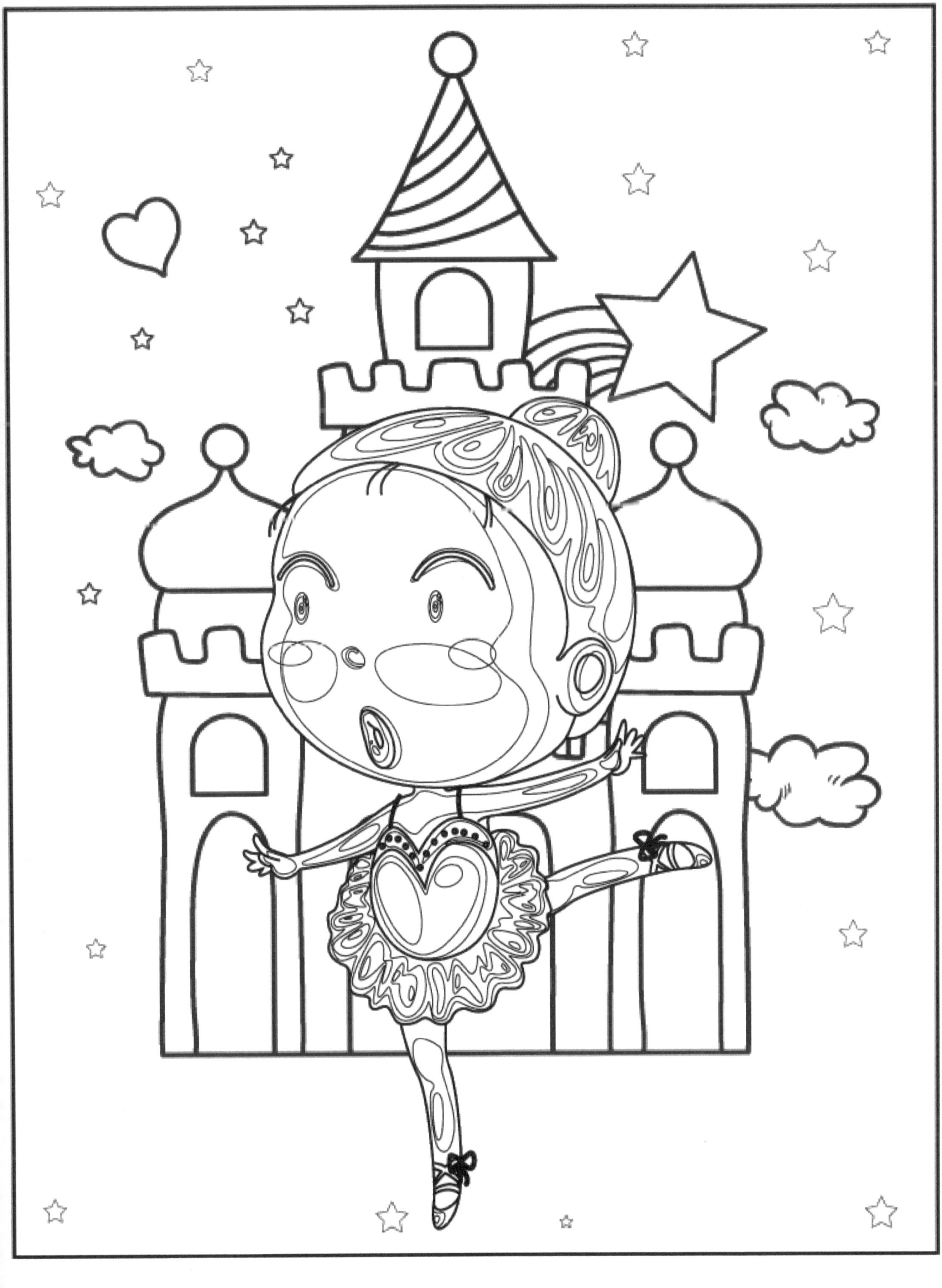

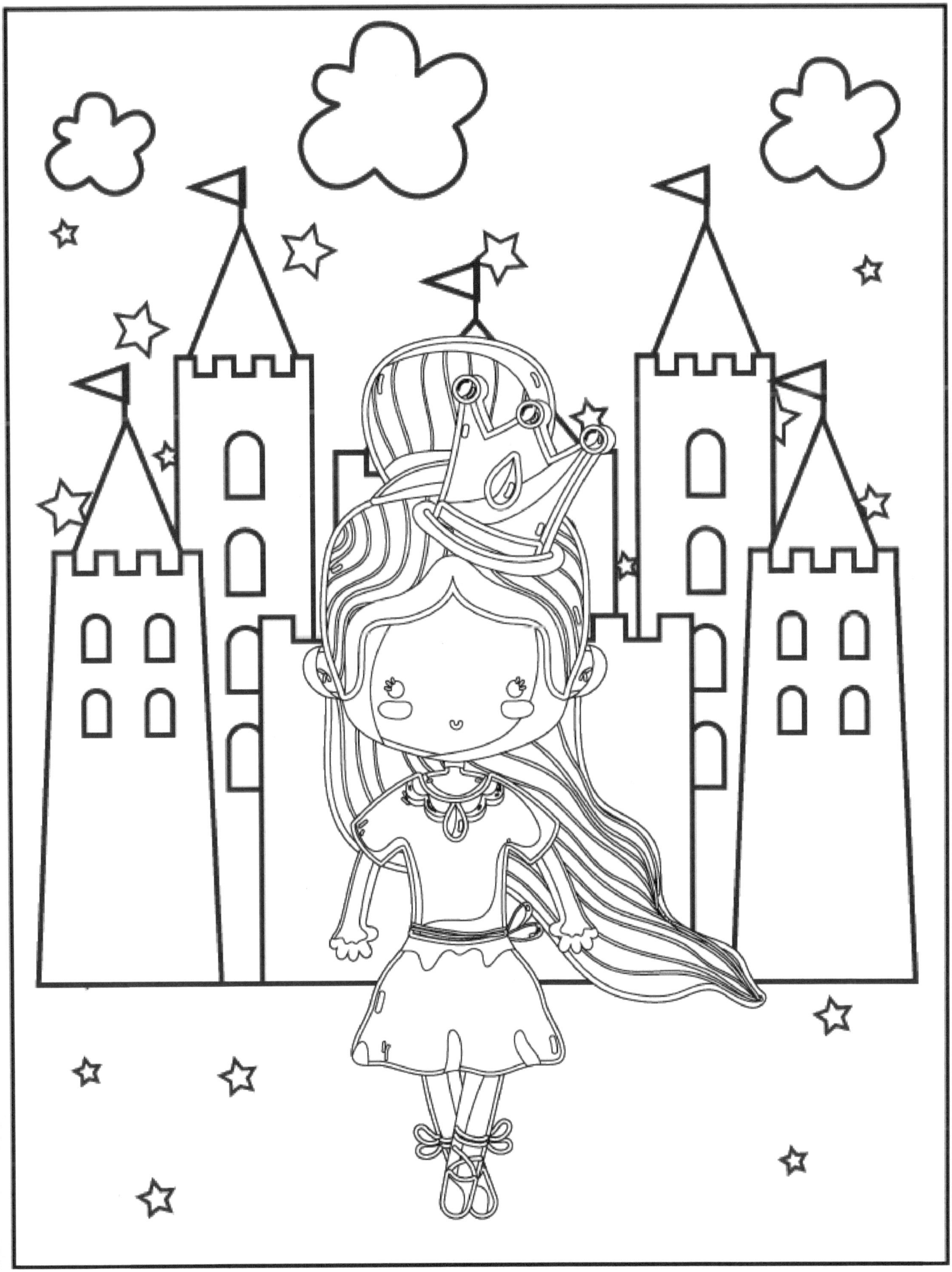

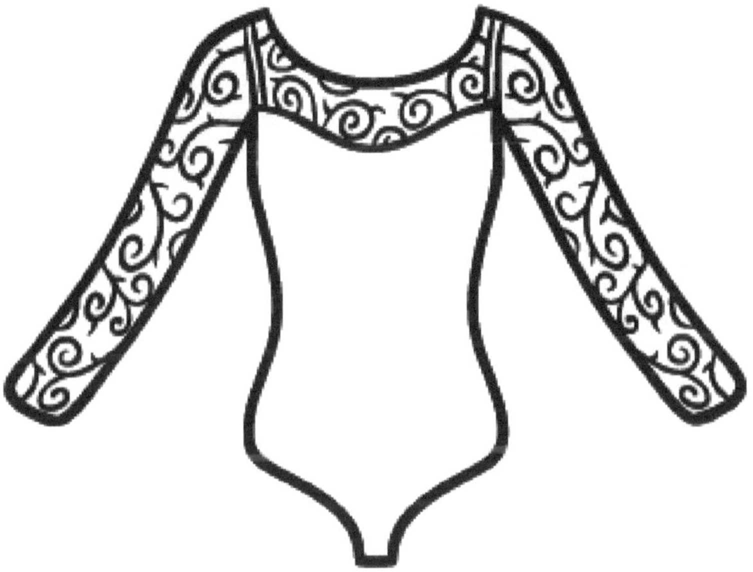

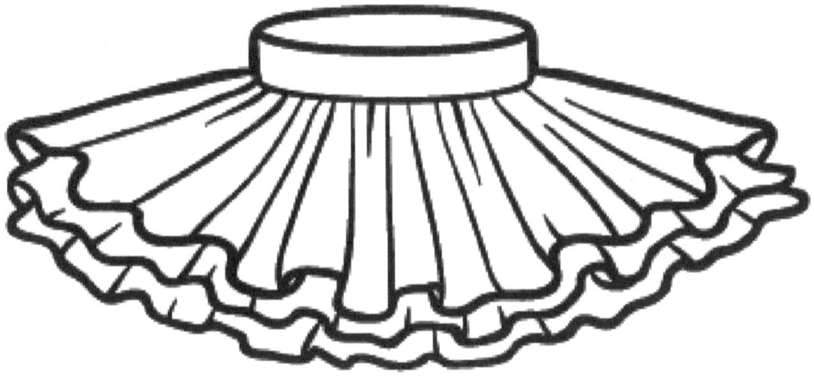

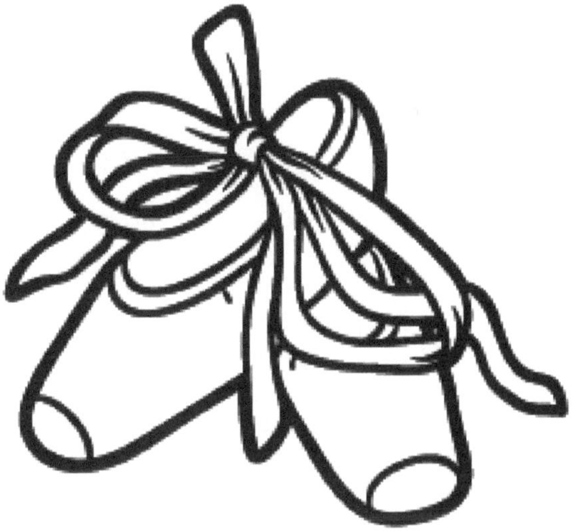

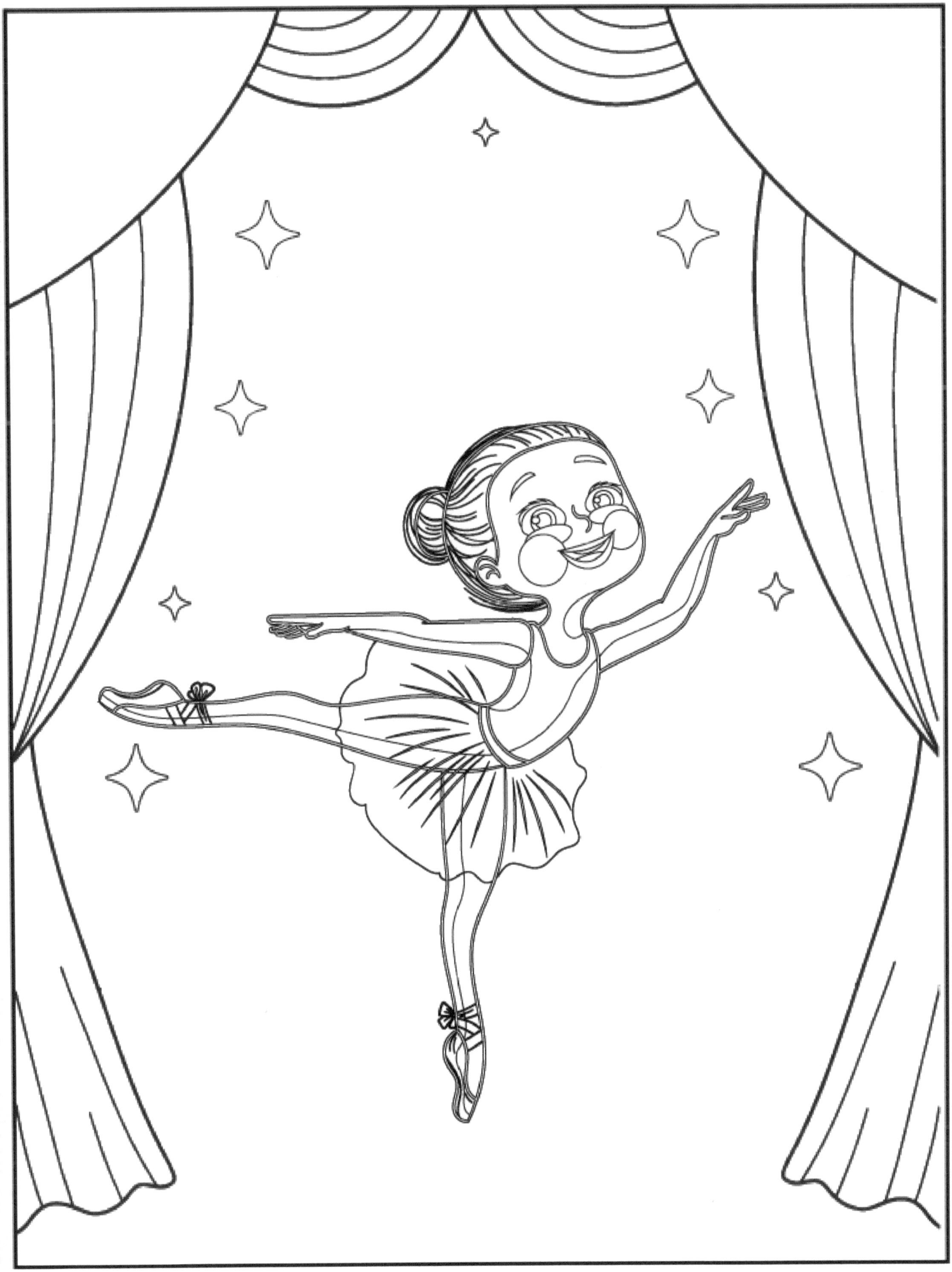

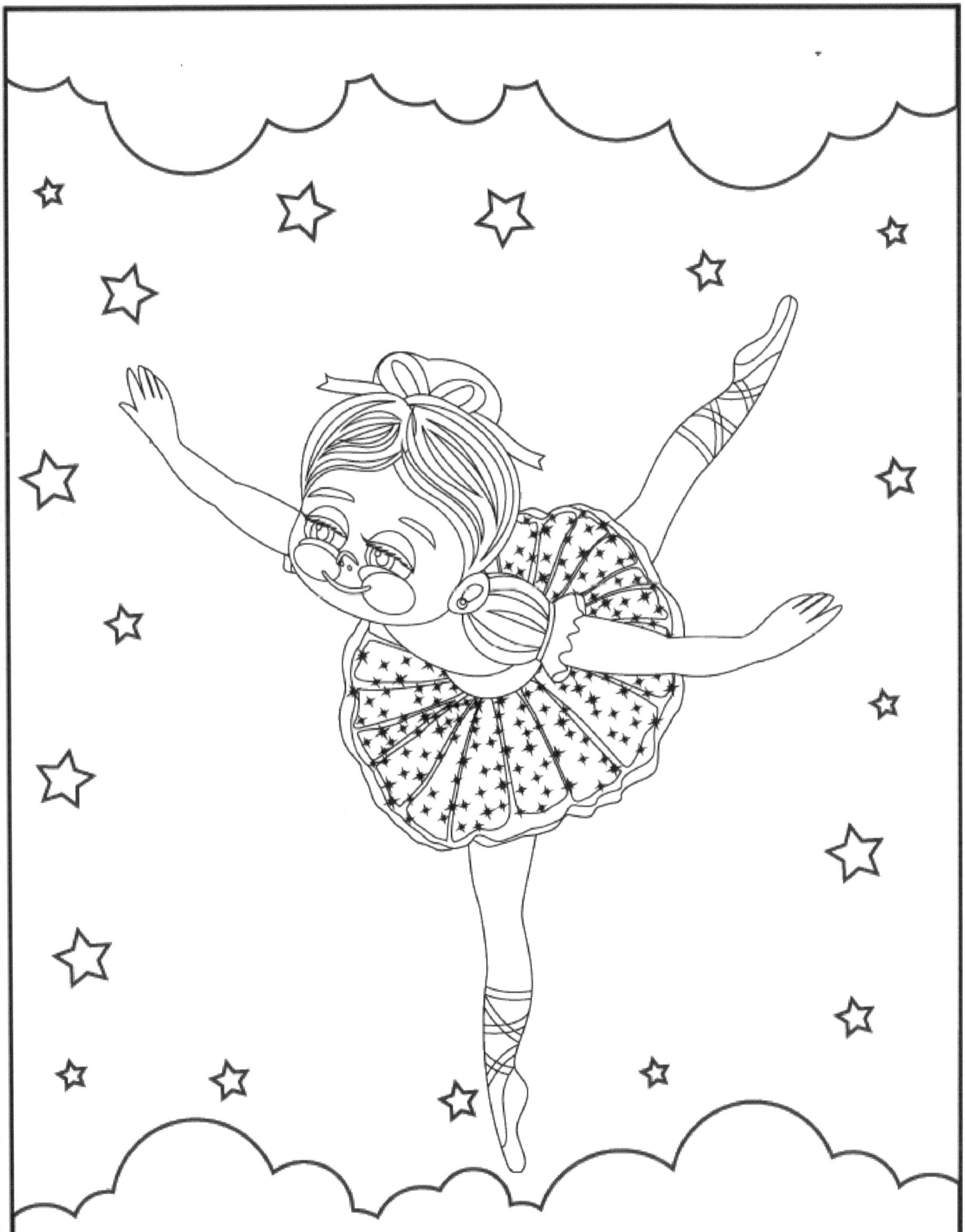

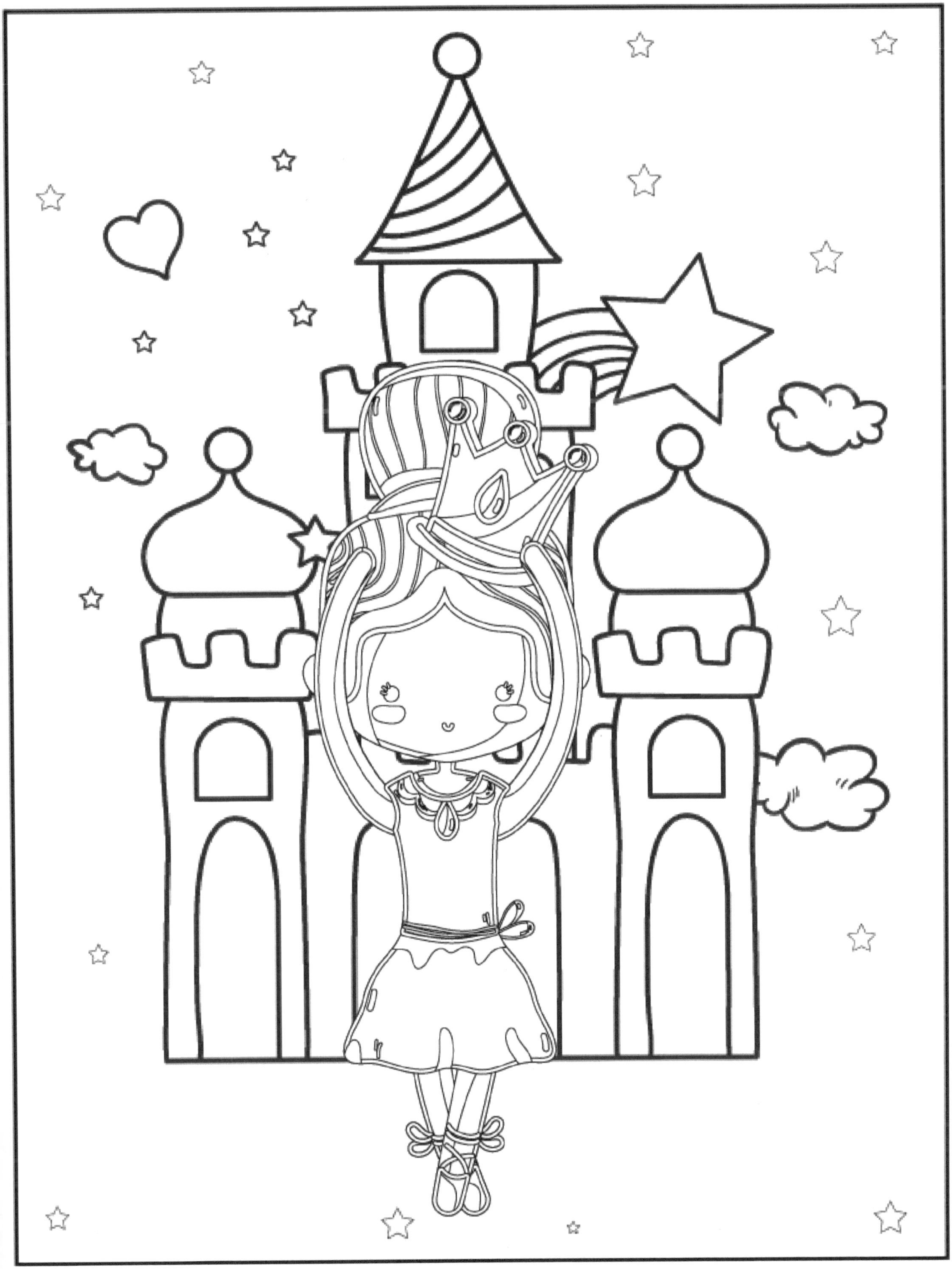

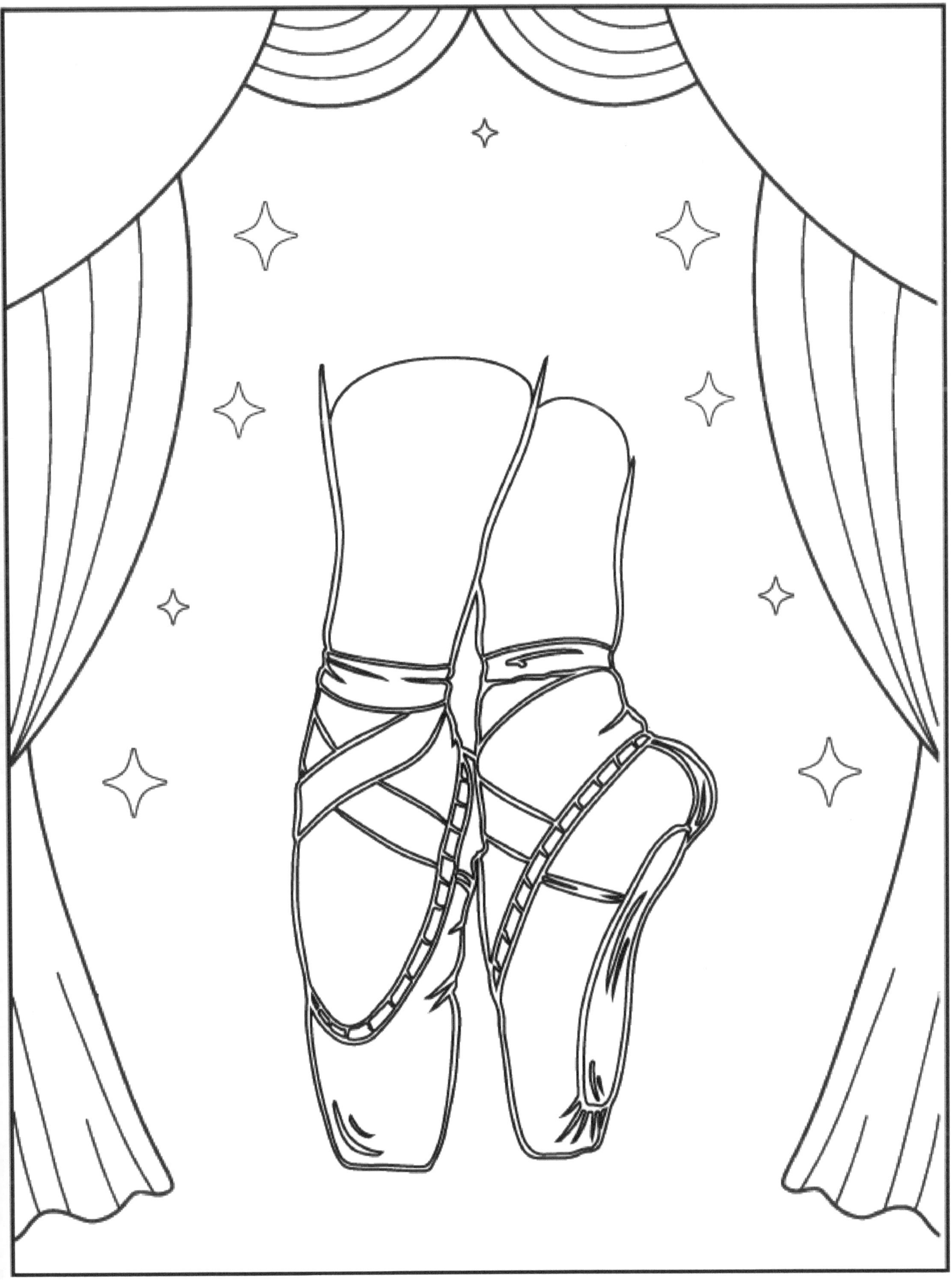

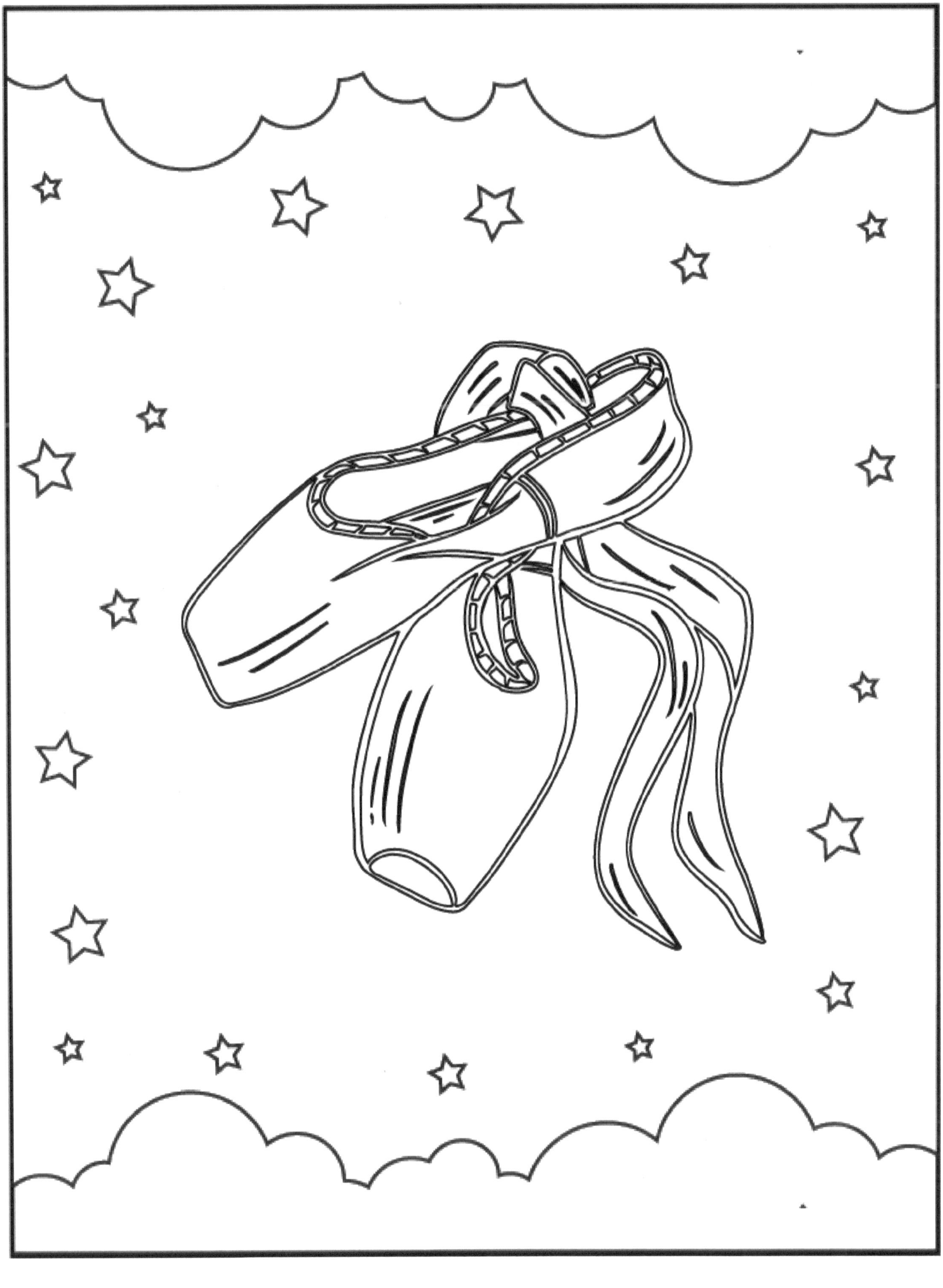

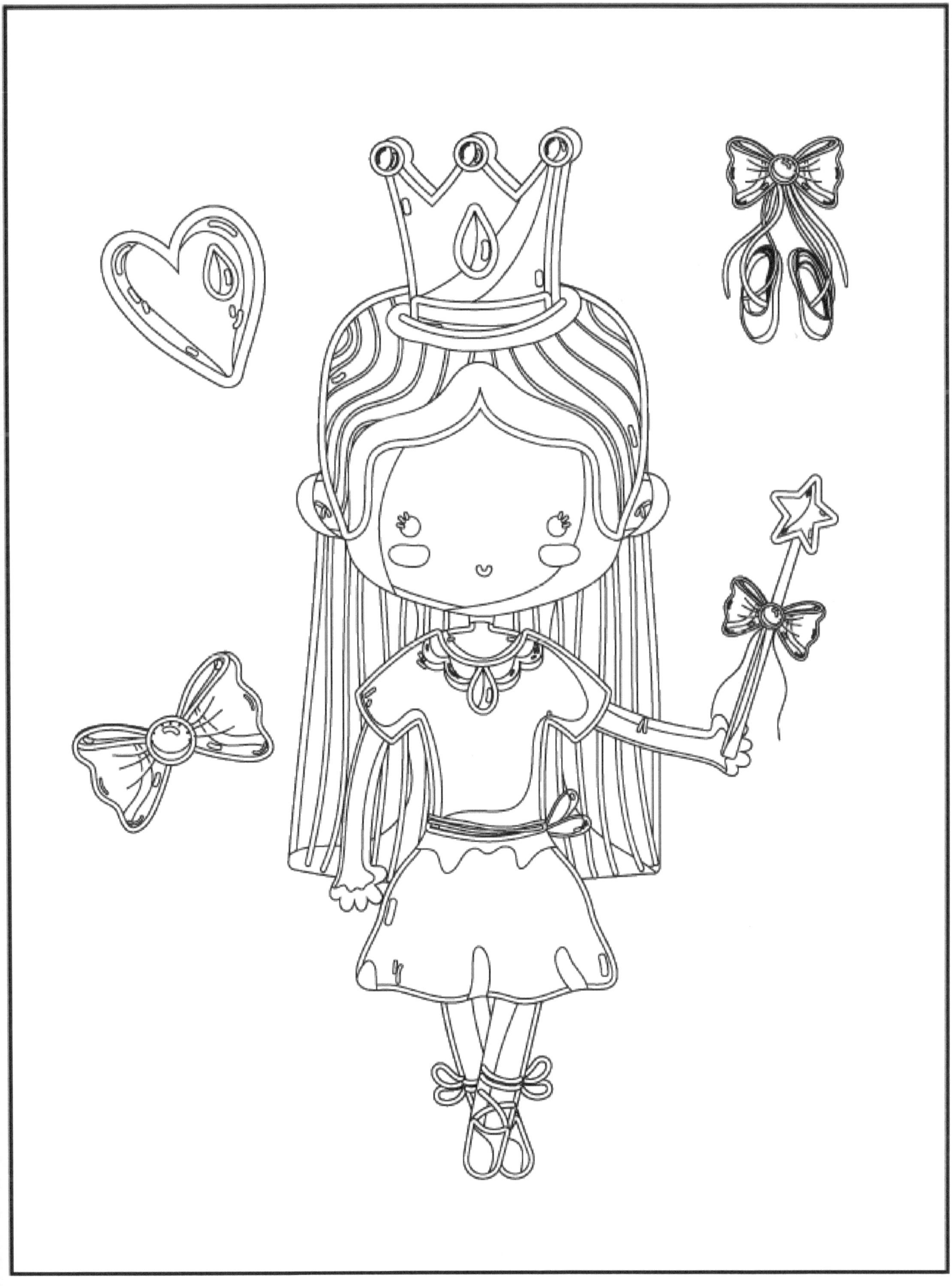

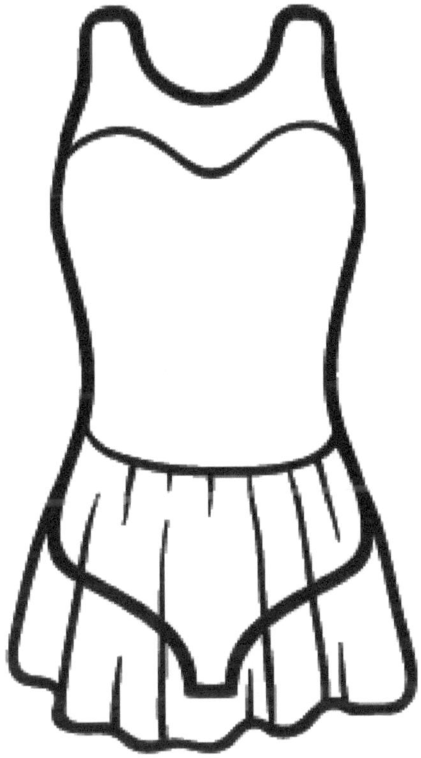

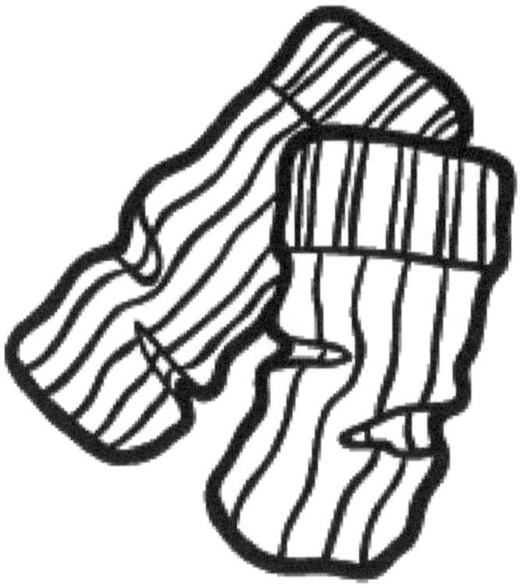

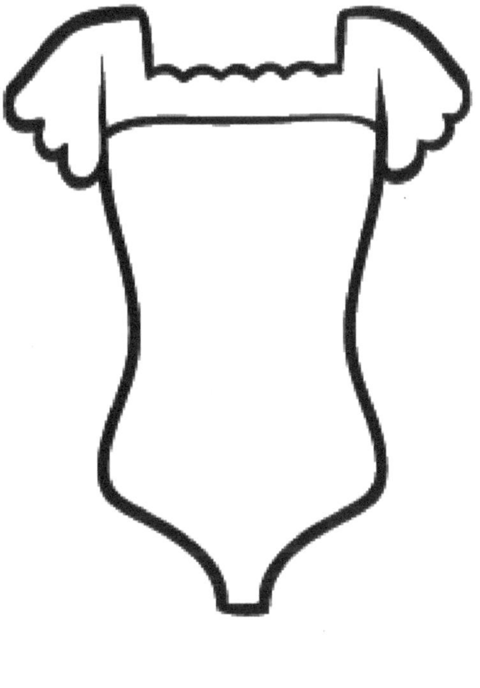

Printed in Poland
by Amazon Fulfillment
Poland Sp. z o.o., Wrocław

31325994R00038